Cristina Cordula

Guide pratique du Relooking

Direction de la publication
Isabelle Jeuge-Maynart

Direction éditoriale
Carole Bat

Coordination éditoriale
Nathalie Cornellana
Assistée de Charlotte Faudeux et de Hannah Murphy

Relecture-correction
Laurence Alvado

Direction artistique
Emmanuel Chaspoul, Sylvie Sénéchal

Mise en page
Sophie Compagne

Couverture
Véronique Laporte

Illustrations
Rachid Maraï

Fabrication
Anne Raynaud

L'éditeur remercie infiniment Aurélia Szewczuk, styliste

ISBN : 978-2-03-584946-5

Cristina Cordula

Guide pratique du Relooking

Textes
Alexie Lorca

Photographies
Romain Malard

LAROUSSE

21, rue du Montparnasse 75283 Paris cedex 06

À mon fils Enzo

Préface

Quel plus beau métier que d'aider les femmes à révéler leur beauté. Car toutes les femmes sont belles, sans exception ! Mais certaines n'ont jamais pris le temps de se regarder, de prendre soin d'elles ; d'autres n'ont jamais appris à s'aimer. Pourtant, toutes le valent bien !
C'est ce que j'essaie de leur dire à travers mon métier de conseillère en image. J'aime la mode. Lorsque j'étais mannequin, j'ai beaucoup reçu du public. Aujourd'hui, j'ai décidé de lui rendre un peu de ce qu'il m'a offert. Mon métier me permet de mettre mon expérience et ma passion de la mode au service du grand public. Beaucoup de femmes sont désemparées face à l'image qu'elles projettent dans le regard des autres. « J'aimerais être plus féminine… Je m'habille mal et on ne me prend pas au sérieux dans mon travail… Je ne sais pas ce qui me va… Je n'ose pas porter des talons… J'aimerais me maquiller, mais je n'ai que très peu de temps le matin… J'ai peur d'aller chez le coiffeur et d'en sortir avec une tête qui ne me convient pas… Mon look est en total décalage avec ce que je suis vraiment… Aidez-moi ! » Telles sont les réflexions et les demandes qui reviennent le plus souvent chez les femmes que je rencontre dans le cadre de ma profession.
Mon objectif n'est pas de les changer, mais de révéler leur personnalité, de mettre en valeur leurs atouts, de trouver l'harmonie entre ce qu'elles sont à l'intérieur et ce qu'elles veulent renvoyer à l'extérieur. J'aime mon métier parce qu'il demande beaucoup d'écoute et d'attention aux autres. C'est un échange permanent. J'apprends autant de mes clients que je leur enseigne. Et il suffit souvent de très peu de choses pour révéler une personnalité, une beauté. C'est ce que j'ai souhaité montrer dans ce livre conçu comme un guide. À travers les exemples des femmes qui se sont prêtées à l'exercice, à travers les pages de conseils et de petits trucs, j'espère vous aider à révéler celle que vous êtes : une femme formidable qui ne ressemble à aucune autre !

Cristina Córdula

contact@cordula-conseil.com
Site : www.cordula-conseil.com

Cristina

Cristina est née à Rio de Janeiro. Son père est alors chef d'entreprise, sa mère sociologue. Issue de la classe moyenne, la famille évolue dans le milieu artistique. L'oncle de Cristina est un peintre reconnu et sa mère fréquente des artistes. Son père, quant à lui, est un intellectuel, féru de philosophie. Jeune fille, Cristina passe de longs moments à discuter du monde et de la vie avec lui. Elle lui parle de son souhait de devenir mannequin, ce qu'il ne voit pas d'un très bon œil. À 16 ans, elle commence pourtant à défiler, soutenue par sa mère qui l'aidera jusqu'au bout à réaliser son rêve.

Cristina entreprend alors en parallèle des études en communication et en journalisme. Repérée par des agences étrangères,

elle quitte son pays. Elle travaille dans plusieurs pays européens avant d'arriver à Paris où elle connaît un succès fulgurant. Elle devient un top model international que s'arrachent les photographes et couturiers new-yorkais, milanais, japonais, londoniens et évidemment parisiens. Elle voyage beaucoup, mais s'installe à Paris, la « plus belle ville du monde » pour elle !

Égérie de la campagne publicitaire internationale du parfum Paris de Yves Saint Laurent, Cristina défile pour le grand Yves, mais aussi pour Chanel, Dior, Ungaro, Lanvin, Kenzo, Rykiel et bien d'autres encore. Elle, Marie-Claire, Vogue, *tous les magazines féminins la plébiscitent. Peu après la naissance de son fils, Enzo, elle décide de mettre un terme à sa carrière.*

Elle crée avec une amie une ligne d'accessoires de plage. L'affaire marche bien, mais ne satisfait pas entièrement Cristina. Ce qu'elle aimerait, c'est partager son expérience de la mode et aider les gens à se réconcilier avec leur image. Le conseil en image s'impose naturellement à elle. Ce métier, qu'elle exerce depuis 2002, lui

permettra de mettre au service du grand public sa profonde connaissance de l'image, de la mode, du stylisme, de la coiffure, du maquillage, mais aussi de la morphologie, de la gestuelle, des couleurs, du savoir-vivre et des différentes cultures découvertes au cours de ses voyages. Elle met ainsi tous ses secrets au service de ses clients, qu'il s'agisse de femmes, d'hommes ou d'entreprises.

En 2004, M6 lui propose de collaborer à une émission de relooking, « Nouveau look pour une nouvelle vie », qu'elle anime seule désormais et, depuis 2011, « Magnifique by Cristina » sur téva.

Depuis, la belle Brésilienne est régulièrement invitée à parler de son métier à la radio, à la télévision et dans les magazines.

Ce qui fait le succès de Cristina, c'est sa gaieté et son dynamisme contagieux, ainsi que sa curiosité et son amour des autres. Car il en faut, de l'amour, pour faire ce métier ! De l'amour et tout ce qui va avec : savoir regarder l'autre, l'écouter, être capable de saisir ce qu'il n'arrive pas à exprimer, savoir lui parler aussi, sans brusquerie, mais avec psychologie et ce brin de fermeté joyeuse qui aide à franchir les caps parfois difficiles…

Sommaire

Sublimer son visage 128

Mon équipe 180

Identifier sa morphologie

Vous n'avez pas encore trouvé à quel type de morphologie vous appartenez : 8, A, V, H, O ou X ? Ce petit test vous y aidera. Vous pouvez, bien sûr, le faire entre copines. Mettez-vous devant une glace et regardez la taille de vos vêtements. Pas de panique si vous avez grossi et que vous faites une taille de plus. Ce n'est pas ça qui vous fera changer de catégorie.

Votre allure générale...

- ♣ Vous êtes bien proportionnée et tout en courbes
- ♦ Vous êtes bien proportionnée et très mince
- ♠ Vous êtes bien proportionnée avec peu de taille
- I Votre carrure est menue
- ■ Vous avez des épaules carrées
- ♥ Vous êtes pulpeuse

Votre taille de vêtements...

- I La taille de vos vestes est inférieure à celle de vos pantalons
- ■ La taille de vos vestes est supérieure à celle de vos pantalons
- ♣ Les tailles de vos vestes et de vos pantalons sont identiques
- ♦ Les tailles de vos vestes et de vos pantalons sont identiques et n'excèdent pas le 38-40
- ♠ Les tailles de vos vestes et de vos pantalons sont identiques, mais les vêtements ceinturés ne vous vont pas
- ♥ En vestes et en pantalons, vous faites du 44 et plus

Vous ressemblez plutôt à...

- ♥ Josiane Balasko
- ♣ Laetitia Casta
- ♠ Cameron Diaz
- ■ Amélie Mauresmo
- I Salma Hayek
- ♦ Audrey Tautou

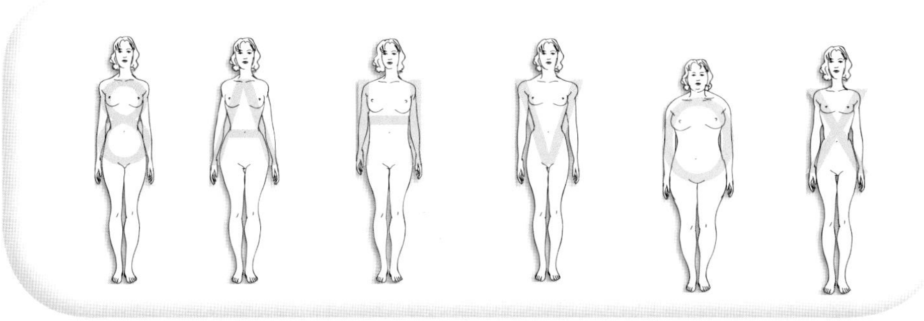

Vos épaules sont…

- [I] moins larges que vos hanches
- [■] plus larges que vos hanches
- [♥] bien enrobées et tombantes
- [♦] plutôt saillantes
- [♣] joliment arrondies
- [♠] dans le prolongement de vos hanches, mais vous avez peu de taille

Vos hanches sont…

- [♣] en courbes et dans le prolongement de vos épaules
- [♦] très minces et dans le prolongement de vos épaules
- [♠] dans le prolongement de vos épaules, mais vous avez la taille peu marquée
- [I] plus larges que vos épaules
- [■] plus étroites que vos épaules
- [♥] très pulpeuses

Votre taille est…

- [I] fine, mais vos hanches sont plus larges que vos épaules
- [■] fine, mais vos hanches sont plus étroites que vos épaules
- [♠] inexistante
- [♥] un peu noyée par quelques bourrelets
- [♣] très marquée et souligne les courbes de vos hanches
- [♦] très marquée et souligne votre extrême minceur

Résultats du test

Vous allez maintenant découvrir votre type de morphologie et les coupes de vêtements qui vont avec. Mais attention, ce sont des généralités, pour des silhouettes dans la moyenne, c'est-à-dire ni trop maigres ni trop grosses. Si vous êtes très enrobée, consultez la morphologie « O ». Dans tous les cas, faites aussi confiance à votre bon sens !

Vous avez une majorité de ♣, vous êtes « 8 »

- Vous avez une belle silhouette.
- Vos épaules joliment arrondies sont dans l'alignement de vos hanches aux courbes parfaites.
- Votre taille est marquée : pensez à la souligner.
- Vous pouvez tout vous permettre.

On évite

- Les jupes plissées qui épaississent les hanches ainsi que les pantalons à poches latérales.
- Les vestes très épaulées, les tuniques bouffantes et les pantalons très larges qui déséquilibrent votre silhouette.
- Les vestes droites, les robes non cintrées qui masquent votre taille, symbole de féminité.

On préfère

- Toutes les tenues ceinturées ou cintrées qui mettent votre taille et vos formes en valeur.
- Les étoffes fluides qui se coulent dans les mouvements du corps.
- Les formes cache-cœur pour les tops et les robes.
- La jupe droite si vous n'avez pas de culotte de cheval, sinon trapèze.
- Les robes cintrées qui épousent votre silhouette.
- Les vestes et les manteaux cintrés.

Voir pages 20 à 31

Vous avez une majorité de ▯, vous êtes « A »

- Votre carrure est plus étroite que vos hanches.
- Votre silhouette s'élargit de haut en bas, comme une pyramide.

On évite

- Les rayures horizontales sur les hanches. Si vous craquez pour les rayures, portez-les en haut uniquement.
- Les tops moulants portés avec un pantalon large.
- Les hauts qui s'arrêtent à l'endroit le plus large des hanches.
- Les pantalons à pinces et à poches latérales, les pantalons cigarette ou slim.
- Le total look trop moulant ou trop large.
- Les jupes plissées.

On préfère

- Focaliser l'attention sur le haut.
- Les tops à motifs, colorés, près du corps sans être moulants, surtout si le pantalon l'est.
- Les décolletés en V, bien échancrés si votre poitrine n'est pas trop généreuse.
- Les décolletés bateau qui élargissent les épaules.

- Les robes trapèze.
- Les cols larges qui habillent les épaules.
- Les jupes évasées ou trapèze qui masquent la largeur des hanches.
- Les pantalons légèrement évasés, sans pinces ni poches latérales, et qui ne moulent pas les hanches. Si possible, coupés dans des tissus fluides.
- Les vestes un peu épaulées pour harmoniser largeur des épaules et largeur des hanches.
- Les talons qui élancent le bas du corps.

Voir pages 32 à 39

Vous avez une majorité de ▣, vous êtes « V »

- Toute en muscle, vous êtes une sportive !
- Votre carrure est plus large que vos hanches.

On évite

- Les vestes épaulées qui accentuent la carrure.
- Les tops à rayures horizontales qui élargissent les épaules.
- Les encolures bateau et les emmanchures américaines qui font ressortir la carrure.
- Les cols roulés.
- Les hauts moulants et courts qui focalisent les regards sur le buste.
- Les capuches qui attirent l'attention sur les épaules.
- Les grosses doudounes.

On préfère

- Les pantalons légèrement taille basse avec poches latérales.
- Les jupes ou robes droites ou trapèze qui rééquilibrent épaules et hanches.
- Les vestes à emmanchures raglan.
- Les hauts fluides, fins et féminins.

Voir pages 40 à 47

Vous avez une majorité de ♠, vous êtes « H »

- Vos épaules, votre taille et vos hanches sont dans le même alignement.
- Vous êtes longiligne et votre taille est très peu marquée.

On évite

- Les formes cache-cœur et trop cintrées qui soulignent l'absence de taille.
- La ceinture autour de la taille.

On préfère

- Les formes droites, près du corps sans être moulantes.
- Les tuniques et les robes taille Empire, qui mettent votre poitrine en valeur.
- Les jolis décolletés plongeants en V, seulement si votre poitrine est menue.
- Les chemisiers et les tops en maille.
- Les pantalons droits et taille basse.
- Les jupes droites.
- Les vestes légèrement cintrées qui donnent l'impression qu'on a une taille.
- Les manteaux cintrés, mais sans ceinture.
- Les ceintures tombant sur les hanches.

Voir pages 48 à 55

Vous avez une majorité de ♥, vous êtes « O »

Vous êtes ronde et vous vous lamentez souvent : « Pas facile de s'habiller tendance quand on ne correspond pas exactement aux modèles des magazines ! » Mais si, il suffit d'un peu de jugeote et de quelques bons conseils !

Principes de base

- Mettez toujours en valeur le haut de votre corps en osant les décolletés et les gros accessoires en harmonie avec votre morphologie. Une petite broche sur votre poitrine exacerbera votre corpulence alors qu'une grosse fleur s'accordera avec celle-ci, par exemple.
- Portez des vêtements à votre taille : les vêtements trop larges ou trop moulants ne cachent pas les rondeurs.
- Préférez les formes épurées.

On évite

- Les tissus brillants, moulants ou plissés qui grossissent.
- Les imprimés à gros motifs et les rayures verticales ou horizontales qui déforment la silhouette.
- Les matières stretch qui soulignent le moindre grain de beauté et, a fortiori, la cellulite.
- Les superpositions qui épaississent la silhouette.
- Les collants brillants, colorés, imprimés, à motifs.
- Les jupes plissées ou larges (type jupons) qui vous donnent l'air d'un abat-jour !
- Les minijupes qui font ressortir les cuisses.
- Les pantalons taille basse qui créent des bourrelets.
- Les pantalons pattes d'éléphant qui exacerbent les hanches.
- Les pantalons treillis dont les poches accentuent les hanches.
- Les pantalons à pinces.
- Les pantalons à poches latérales.
- Les blousons courts qui écrasent la poitrine et font ressortir les hanches.
- Les vestes avec poches au niveau des seins, qui alourdissent.
- Les vestes fermées qui écrasent la poitrine et le ventre.
- Les petits tops courts qui coupent le tronc et dévoilent un ventre rebondi.
- Les bermudas qui coupent la jambe en deux et la raccourcissent.

On préfère

- Le noir et les couleurs sombres qui diminuent les volumes et masquent les rondeurs. Le blanc et les couleurs claires ne sont pas proscrits, à condition d'opter pour une tenue monochrome (en blanc de la tête aux pieds, par exemple) qui allonge la silhouette.
- Si vous optez pour du sombre, égayez votre tenue par de petites touches de couleur (chaussures, accessoires...).
- Les tissus mats qui amincissent.
- Les décolletés jusqu'à la naissance de la poitrine pour attirer le regard et tromper l'ennemi... Mais attention aux décolletés plongeants sur une poitrine généreuse : c'est rapidement vulgaire !
- Les jupes droites qui englobent les hanches et les cuisses sans les mouler.
- Les robes ni trop amples ni trop moulantes, droites, fluides et décolletées, au tombé lourd pour structurer la tenue.

- Les pantalons à la taille, fluides, droits, sans pinces ni poches latérales, portés avec des talons pour allonger la silhouette.
- Les vestes trois-quarts qui tombent sous les hanches, légèrement cintrées pour mettre en valeur la poitrine. Elles peuvent être un peu épaulées pour équilibrer les rondeurs.
- . Les collants doivent impérativement être sombres et opaques.
- Les talons qui élancent la silhouette.
- Les chaussures à bout arrondi qui ne font pas ressortir la rondeur des jambes comme les formes pointues.
- Les bottes, surtout si vos chevilles sont fines.

Voir pages 56 à 63

Vous avez une majorité de ◆, vous êtes « X »

- Vous êtes un peu moins « arrondie » que la femme « 8 ».
- Vous êtes généralement mince, grande, musclée, et pour quelques-unes d'entre vous, un peu « anguleuse ». Vous avez peu de poitrine. Dans l'ensemble, tout vous va…

On évite

- Les pulls moulants à cols roulés et de couleurs sombres qui écrasent la poitrine et marquent l'ossature.

On préfère

- Les décolletés plongeants qui apportent une féminité toute sensuelle !
- La brillance, les couleurs, les imprimés qui donnent du volume.
- La chemisiers à jabots, à poches sur la poitrine, les hauts drapés, ou avec une encolure bénitier, qui vont apporter de la matière.
- Les formes fluides qui épousent le corps tout en lui donnant de la rondeur.
- Un brin de sophistication qui féminise votre silhouette, en jouant sur les accessoires par exemple.
- Les minijupes portées avec des bottes et des collants opaques. Si vos jambes sont fines, osez la couleur et les résilles, qui réveillent notamment un total look noir.
- Les jupes droites, évasées ou boule.
- Les vestes et les manteaux cintrés.

Voir pages 64 à 71

S'habiller selon sa silhouette

Le « 8 » est l'idéal féminin. Ce qui ne signifie pas que vous soyez un laideron si vous appartenez à un autre type de morphologie. Mais... La femme « 8 » a des épaules joliment arrondies qui s'alignent avec des hanches aux courbes parfaites. Son corps est harmonieux et voluptueux. La taille est bien marquée. Il ne faut d'ailleurs pas hésiter à la souligner avec des ceintures ou des coupes cintrées. Elle peut en principe se permettre de porter tout ce qu'elle veut. Nous lui conseillons toutefois d'éviter les jupes plissées qui épaississent les hanches et les vestes très épaulées, les tuniques bouffantes et les pantalons très larges qui apportent de la matière là où elle n'en a pas besoin et qui risquent de déséquilibrer sa silhouette parfaite. Même chose pour les coupes droites, trop amples qui masquent les jolies formes. Elle peut en revanche jouer avec les étoffes fluides qui épousent les mouvements du corps, les formes cache-cœur, les robes, vestes et manteaux cintrés qui marquent bien la taille et soulignent l'harmonie entre les épaules et les hanches.

Silhouette en

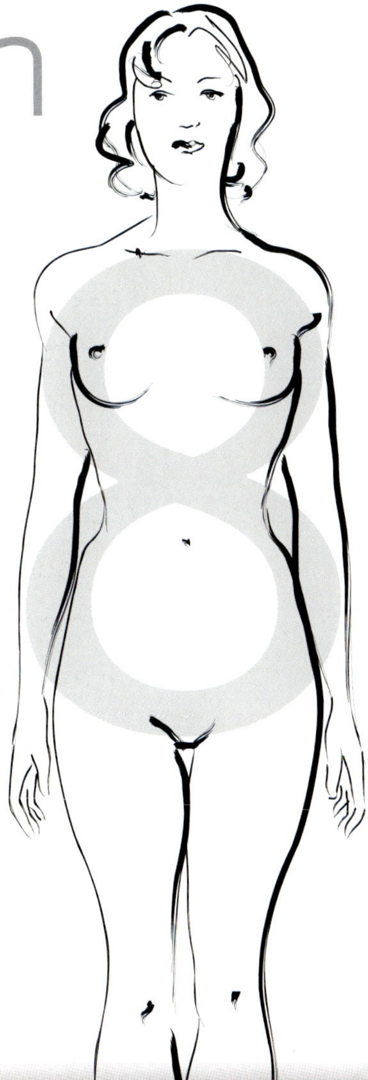

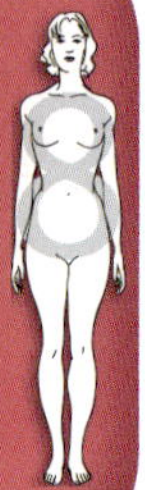

Silhouette en 8

Véronica : une taille assez peu marquée, une petite poitrine et une culotte de cheval bien visible ; un style androgyne et passe-partout. « Au boulot, je fais trop jeune, alors que j'ai 29 ans : faites de moi une working girl ! »

Avant

L'arrêt du tee-shirt au niveau de la culotte de cheval la rend encore plus visible

Le tee-shirt informe banalise sa silhouette et gomme la taille

Le duo jean délavé-ballerines est réservé aux teen-agers !

La jupe plissée qui épaissit les hanches est à proscrire

Après

Le pantalon sans poches latérales épouse le corps sans marquer la culotte de cheval

Décolleté en V plongeant + petite poitrine = duo de choc

Les talons féminisent la tenue et donnent de l'allure à la silhouette

Le conseil de Cristina

On ne peut pas se plaindre de faire jeune et, dans le même temps, faire sienne la panoplie du teen-ager ! Il ne s'agit pas non plus de verser dans l'austérité. Véronica est une jeune femme souriante et fraîche. Elle peut choisir, par exemple, une robe fluide cintrée ou encore un pantalon évasé dans le bas et le marier avec un top chic sans être classique. Côté chaussures, les talons sont indispensables à toute working girl. À condition, toutefois, de les choisir « tendance » pour ne pas sombrer dans le look « mémère » !

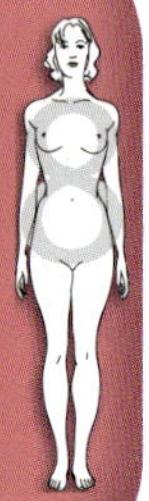

Silhouette en 8

Joëlle : « Je n'ai que 43 ans, mais je fais désespérément mémère. Je voudrais être de mon temps, genre décontracté chic. Je suis professeur d'université. Mon image doit être crédible mais pas sévère. »

Après

Sans être trop moulant, le top dessine la poitrine et marque la taille pour plus de féminité

Le plastron en paillettes apporte une touche branchée et gaie

Les deux gros bracelets habillent le poignet et apportent une touche finale

Décontracté tout en étant élégant, le jean brut évasé met en valeur la finesse et la longueur des jambes

Le conseil de Cristina

Joëlle faisait au moins dix ans de plus que son âge. Il a fallu changer toute sa garde-robe, qui était d'un autre siècle ! À proscrire définitivement : les tee-shirts brodés rentrés dans des pantalons taille haute sans style. Elle doit dégager son cou, oser les décolletés. À bannir aussi : les ballerines plates « Auteuil-Neuilly-Passy » qui couvrent la moitié du pied. Pour finir sa tenue, Joëlle peut choisir une petite veste cintrée. De façon générale, je lui conseille d'opter pour des talons qui mettent en valeur ses jolies jambes.

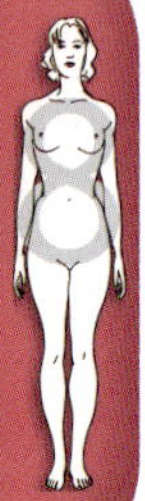

Silhouette en 8

Nathalie : « J'ai 30 ans et je me cherche encore...
Je change de style tous les jours... Mais je ne suis jamais convaincue par le résultat. Aidez-moi à me trouver ! »

Après

!

La robe épouse le corps parfait de Nathalie. Le doré de la robe et la couleur des cheveux forment un joli camaïeu qui souligne la couleur de la peau

Le blouson en cuir apporte le côté rock sur les paillettes

Les spartiates lacées épousent les longues jambes fines

Le conseil de Cristina

Nathalie est une très belle femme, mais elle était un peu éteinte. Dommage, car, avec un physique pareil, elle peut tout se permettre. Le style rock chic lui convient parfaitement et le camaïeu de dorés met en valeur sa jolie peau de métisse.
C'est un « 8 » parfait. Il faut qu'elle le montre ! Exit les tops larges et trop longs, les jeans larges ou les baggys. Vive les slims mariés à des tops fantaisie ! Nathalie est grande et peut se permettre de porter des chaussures plates, mais féminines. Les coupes près du corps mettent en valeur ses formes parfaites. Paillettes, cuir, stretch lui apportent de la modernité, un certain chic décontracté et beaucoup de personnalité.

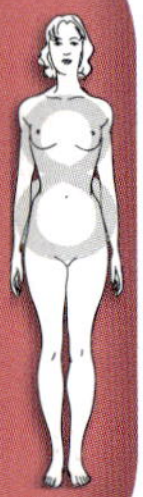

Silhouette en 8

Noura : « Mon mari trouve que je ressemble à mes collègues qui ont 60 ans alors que je n'en ai que 42… Aidez-moi à me refaire une petite beauté, j'en ai vraiment besoin.»

Après

La couleur plus claire illumine le teint

L'encolure du top dégage le visage et attire l'attention sur les épaules plus que sur le menton

Les accessoires terminent la tenue et apportent une touche de couleur

Le jean « bootcut » cache les genoux ronds tout en mettant en valeur les jolies formes

Le conseil de Cristina

On peut cacher un petit ventre rebondi tout en restant féminine. Il suffit de privilégier des tops fluides décolletés pour dégager le haut du corps. À proscrire définitivement : les chemises ou pulls sans formes ! Il ne faut pas hésiter non plus à porter une gaine sexy ou un collant « ventre plat ». Pour les pantalons, Noura doit choisir des formes droites sans pinces, légèrement évasées dans le bas et portées avec des talons pour allonger ses jambes. Côté robes et jupes, les formes trapèze ou évasées lui conviennent. Elle peut se permettre un accessoire flashy sur des couleurs froides ou sombres, idéales pour son teint.

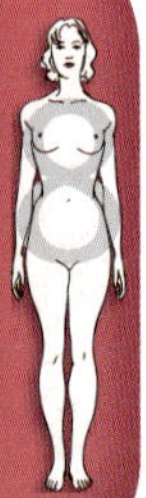

Silhouette en 8

Clémentine : « J'ai toujours été un vrai garçon manqué. Je viens d'avoir 28 ans, j'aimerais être féminine, mais je n'arrive pas à marcher avec des talons et je ne sais pas me maquiller. Au secours Cristina ! »

Après

Le carré plongeant, tendance, affine le bas du visage

La robe, c'est la tenue féminine par excellence

La longueur de la robe cache le genou un peu rond

Les talons avantagent la silhouette surtout quand on est petite

Le conseil de Cristina

Lorsque l'on a des jambes un peu courtes, toute forme taille basse est à proscrire, que ce soit des pantalons, des robes ou des jupes. Sauf à accentuer la disproportion entre le buste et les jambes. En revanche, les tailles hautes rééquilibrent la silhouette, de même que les talons. Pas besoin qu'ils soient d'une hauteur démesurée, mais portés avec une robe taille Empire ou taille haute et un collant opaque noir, ils amincissent et allongent les jambes. Enfin, quand on est petite et que l'on a une petite poitrine, on peut privilégier le décolleté. Très féminin, il allonge en outre la silhouette.

Symbole de fertilité, le « A » est l'une des morphologies féminines les plus partagées, avec une carrure plus étroite que les hanches, la silhouette s'élargissant de haut en bas, comme une pyramide. Si la taille de votre pantalon est supérieure à celle de votre veste, vous êtes une « A ». Évitez alors de porter des jupes ou des pantalons à rayures horizontales. Les tops qui s'arrêtent à l'endroit le plus large des hanches ne vous conviennent pas, les pantalons à pinces et à poches latérales, les jupes droites et plissées non plus. Éloignez-vous enfin des total look trop moulants ou trop larges qui soulignent le déséquilibre épaules-hanches. Focalisez les regards sur le haut de votre corps en jouant des décolletés en V si vous n'avez pas trop de poitrine ou des décolletés bateau qui élargissent la carrure. Étoffez votre buste avec des tops à motifs ou colorés. Préférez les formes Empire ou trapèze, les pantalons évasés, les vestes épaulées et les talons qui élancent la silhouette.

Silhouette en A

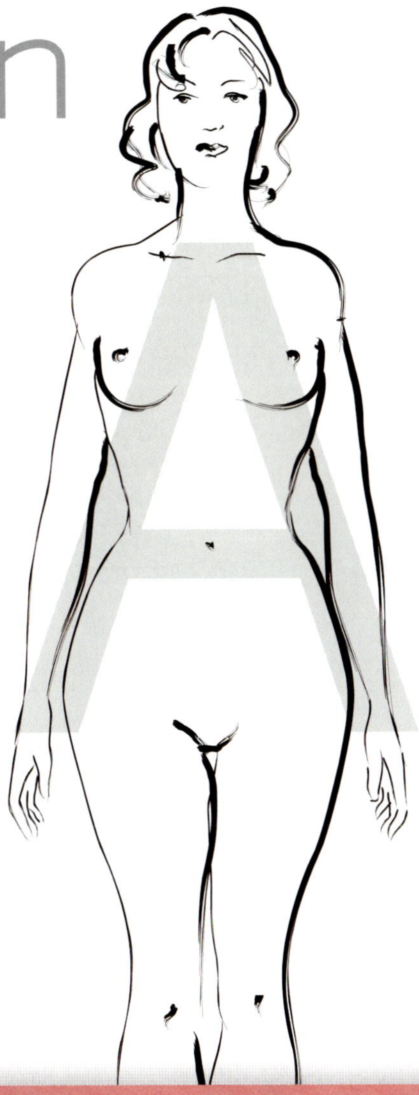

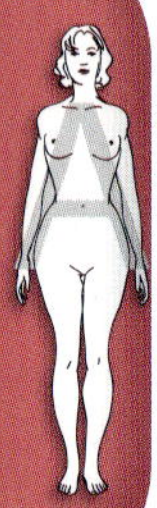

Silhouette en A

Linda : « J'ai 38 ans. Je suis manager et mon look d'étudiante ne correspond pas à l'image que je dois donner. Cherche désespérément un petit coup de main pour trouver enfin un look intemporel et original ! »

Après

Le manteau s'accorde parfaitement à la couleur de la peau

La robe trapèze apporte chic et féminité, et s'avère parfaite pour la silhouette en A

Les talons, c'est quand même mieux, non ?

Le conseil de Cristina

Linda a des hanches plus larges que ses épaules et des cuisses un peu rondes. Il lui faut donc étoffer sa carrure en portant des vestes un peu épaulées et attirer le regard sur son décolleté. Les robes trapèze ou à taille Empire sont parfaites pour elle. Pour les pantalons, elle choisira des formes évasées en bas, sans poches latérales, et des matières fluides pour masquer en douceur la rondeur de ses cuisses...

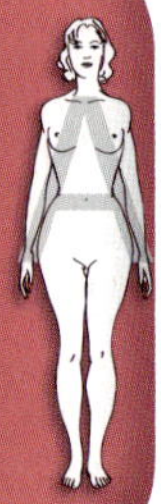

Silhouette en A

Cécile : « Cela fait des années que je porte le même style de vêtements. Je me sens un peu « ado attardée », alors que j'ai 29 ans et que j'ai envie d'être une vraie femme ! »

Après

Le décolleté laisse deviner la poitrine

La blouse, légèrement épaulée rééquilibre épaules et hanches

Bracelets et sautoir personnalisent la tenue

La jupe courte dévoile les jolies jambes

Le conseil de Cristina

Lorsque l'on approche de la trentaine, on peut, sans se vieillir, rompre avec son éternel look étudiant ! Une bonne coupe de cheveux a permis à Cécile de se féminiser tout en gardant la fraîcheur de la jeunesse. À son âge et avec son caractère, elle peut oser un brin de fantaisie sans paraître excentrique. Tout est dans le dosage. Si l'on porte un motif « panthère », on choisira, pour le reste de la tenue et les accessoires, l'une des couleurs de l'imprimé : ici, le noir. Comme Cécile est très mince, elle peut se permettre de souligner sa taille, ce qui est en général déconseillé aux « A ».

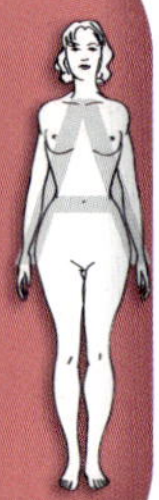

Silhouette en A

Darinka : « J'ai 62 ans et je suis toujours aussi curieuse que lorsque j'en avais 20. J'ai donc une grosse envie de changer de look. Pourquoi ne pas essayer? »

Avant

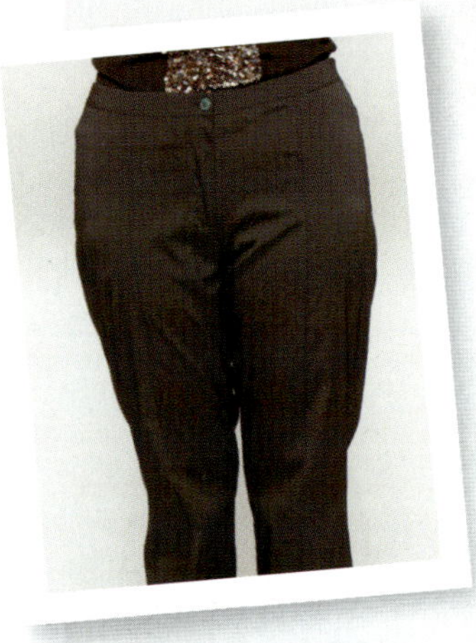

Le pantalon large sur les fesses et le haut des cuisses et serré vers le bas accentue la largeur des hanches

Les rayures horizontales épaississent les hanches qui ont déjà tendance à être larges

Trop bâtarde, la longueur du pantalon...

Le jean trop large et trop délavé est à proscrire : ça marque les hanches

Côté chaussures, on peut vraiment faire mieux !

Après

Les créoles soulignent le beau port de tête en lui redonnant un coup de jeunesse

Le blouson de cuir modernise

La blouse fluide, rehaussée d'un joli sautoir, apporte une touche de féminité un peu décalée mais toujours élégante

Le pantalon chic et large est stylisé par une ceinture taille basse

Le conseil de Cristina

Darinka portait des tenues trop classiques et trop masculines. Attention, d'ailleurs, aux formes droites qui accentuent le côté masculin. Il lui faut préférer les matières fluides et douces, qu'elle peut couper avec un blouson de cuir ou une veste cintrée. Le décalage est toujours le bienvenu, sauf pour les adeptes invétérées du total look. Darinka ne doit pas non plus hésiter à porter des talons, pas forcément très hauts, mais qui la féminiseront.

Toute en muscles, la femme « V » est une sportive ! Sa carrure est plus large que ses hanches. À l'inverse de la femme « A », la taille de ses vestes est supérieure à celle de ses pantalons. De façon générale, elle prendra soin de féminiser sa silhouette, en portant des accessoires, des couleurs... Mieux vaut pour elle éviter les vestes épaulées, les tops à rayures horizontales ou à col bateau qui élargissent la carrure, les emmanchures américaines qui font ressortir les épaules, les grosses doudounes, les tops à capuches ou les hauts moulants et courts qui focalisent les regards sur le haut du buste. Pour elle, les baggys et les pantalons taille basse avec poches latérales sont l'idéal. De même que les jupes droites. Elle peut aussi porter des vestes légèrement cintrées pour donner une illusion de taille et les formes trapèze pour équilibrer et féminiser la silhouette. Sans oublier les tuniques fluides, fines qui donnent l'illusion de courbes et évitent de souligner la musculature.

Silhouette en V

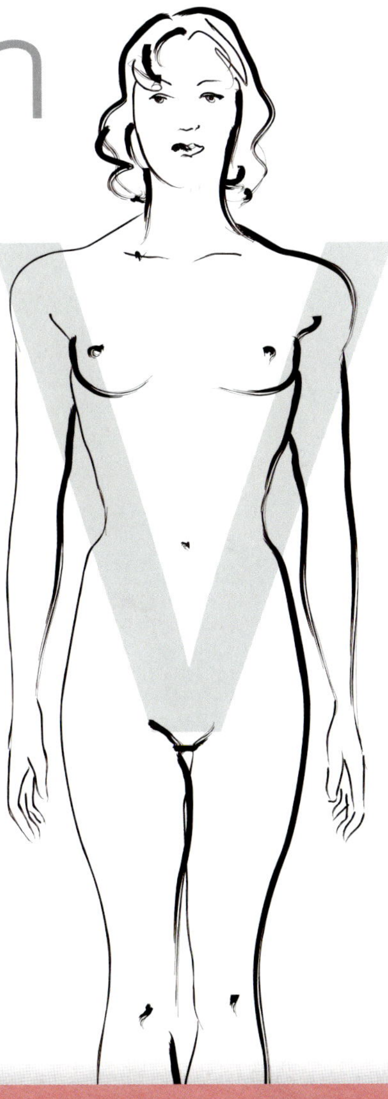

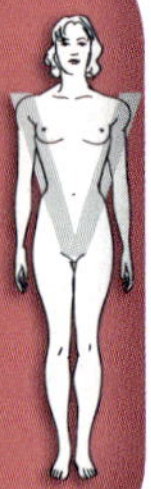

Silhouette en V

Virginie : « Je suis trop mince ! Lorsque j'essaie des vêtements, je trouve qu'ils tombent toujours mal sur moi. Alors je me rabats sur ce que je connais, un jean, un pull et des ballerines, mais, à 23 ans, cela ne me correspond plus. »

Après

Chic, la couleur illumine le visage ! Un peu plus prononcé, le maquillage donne du caractère

Le joli décolleté plongeant adoucit les épaules

La jupe évasée étoffe joliment les hanches

Le conseil de Cristina

Virginie est très mince, certes, mais beaucoup de femmes paieraient cher pour lui ressembler ! Côté bras, préférer les manches trois-quarts et un peu lâches, ou même les manches ballon, pour ne pas souligner l'extrême minceur. Et puis, pour équilibrer les épaules un peu larges avec les hanches menues, Virginie peut se permettre de porter des jupes légèrement évasées ou des pantalons à poches latérales. Enfin, elle a des jambes à porter des talons, non ?

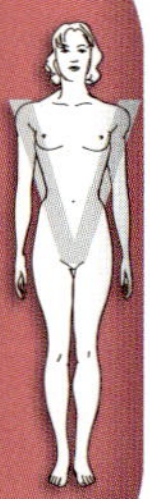

Silhouette en V

Carole : « J'ai l'impression de ne pas renvoyer l'image d'une femme de 40 ans qui s'assume. J'aimerais être plus glamour et moins me fondre dans la masse. »

Le débardeur fait trop ressortir la musculature et la carrure. Peu féminin...

Après

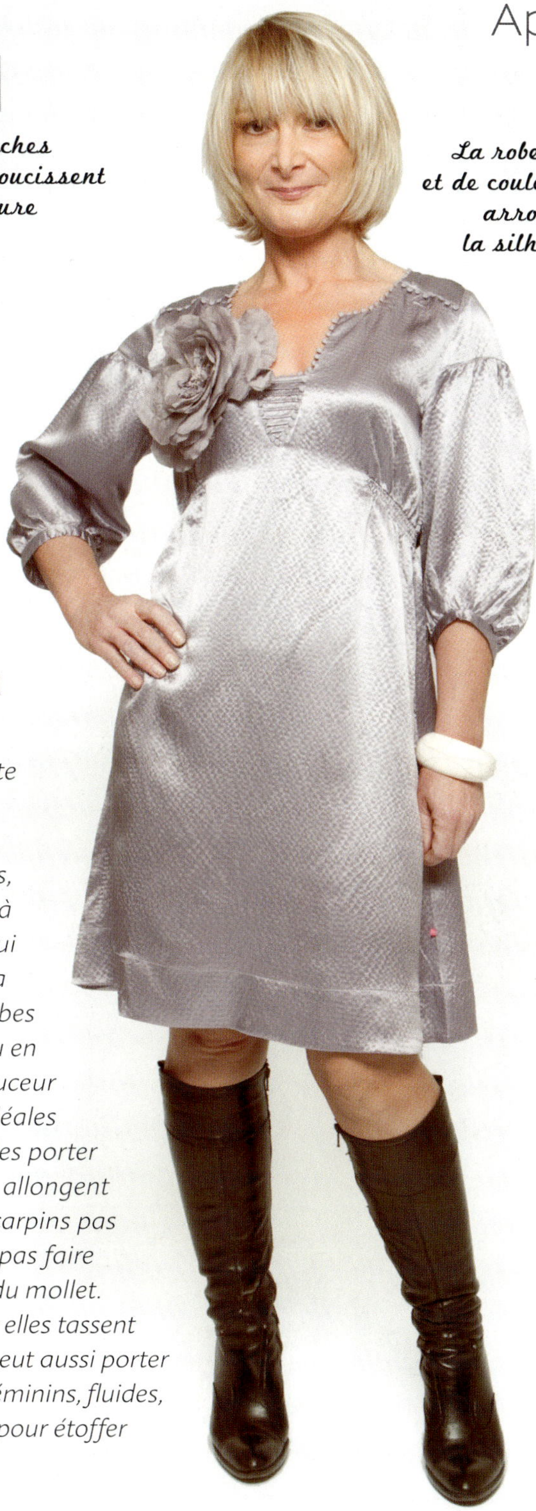

Les manches tombantes adoucissent la carrure

La robe fluide et de couleur douce arrondit la silhouette

Le joli décolleté, rehaussé d'une grosse fleur, féminise Carole

Le conseil de Cristina

Carole est musclée et peut donc très vite sembler masculine. Il lui faut éviter les matières moulantes, les Marcel, les tops à manches courtes qui font trop ressortir la musculature. Les robes qui dégagent le cou en apportant de la douceur aux épaules sont idéales pour elle. Elle peut les porter avec des bottes qui allongent la jambe ou des escarpins pas trop hauts pour ne pas faire ressortir le muscle du mollet. Pas de bottines, car elles tassent les jambes. Carole peut aussi porter de jolis pantalons féminins, fluides, et même imprimés pour étoffer les hanches.

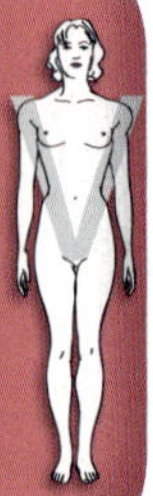

Silhouette en V

Virginie : « J'ai 28 ans et je me trouve très banale… Pourtant, je n'ose pas changer. Quand je vais dans un magasin, je regarde des vêtements qui me plaisent, mais que je n'essaie même pas. J'ai besoin d'un regard de pro. »

Après

Le conseil de Cristina

Virginie a une morphologie en V et une forte poitrine. Ses épaules sont plus larges que ses hanches, ce qui a tendance à la masculiniser. Pour rééquilibrer sa silhouette, elle doit proscrire avant tout les vestes épaulées, ainsi que les cols roulés, les emmanchures américaines et les rayures horizontales. En revanche, elle a tout intérêt à montrer ses jambes qui sont un atout fort. De façon générale, robes et jupes au-dessus du genou l'avantagent. Elle peut aussi jouer sur les bijoux qui apportent toujours une touche de féminité.

La femme « H » est longiligne ! Ses épaules et ses hanches sont dans le même alignement, mais sa taille est très peu marquée. Elle évitera de façon générale tout ce qui souligne cette absence de taille. Ainsi, des formes cache-cœur et trop cintrées, ou des formes amples et des jupes évasées qui élargissent la silhouette. Elle peut en revanche porter des jupes et pantalons droits, près du corps, sans être moulants et plutôt à taille basse. Les tuniques et robes Empire sont faites pour elle, de même que les jolis décolletés, plongeants si la poitrine n'est pas trop forte. Les chemisiers et tops en maille sont également ses must. Pour donner l'illusion d'une taille, nous lui conseillons de choisir des vestes légèrement cintrées et portées ouvertes. Attention aux ceintures ! Jamais serrées autour de la taille, en particulier pour les trenchs et les manteaux. Si ceinture il y a, elle doit être portée lâche, tombant sur les hanches.

Silhouette

en

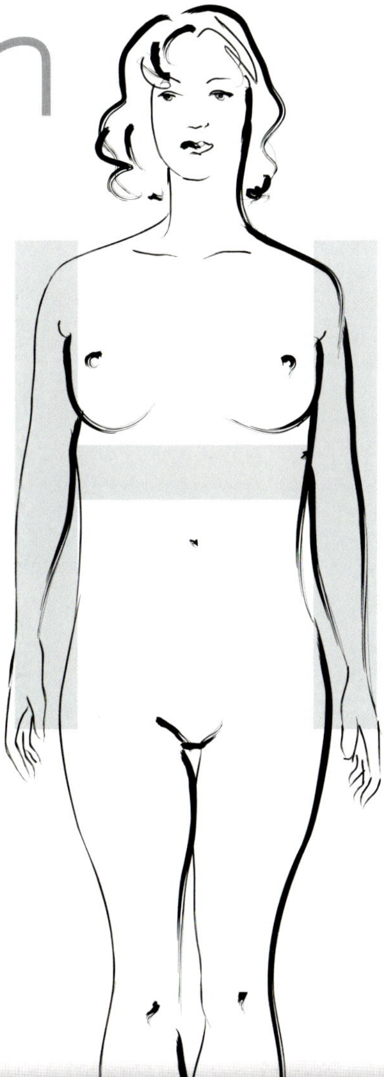

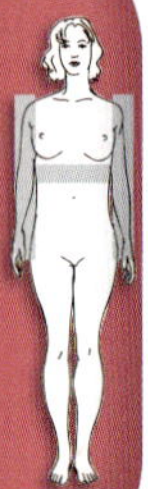

Silhouette en H

Ouarda : « J'ai 31 ans, et je continue à m'habiller en garçon manqué. Cela commence à être handicapant dans mon job. Avant, on me disait que j'étais jolie et que je pouvais m'habiller n'importe comment. Mais plus maintenant ! »

Avant

Les cheveux sont beaux, mais la coupe est négligée

Le tee-shirt manque singulièrement de style

Quand on n'a pas de taille, inutile d'essayer de la marquer avec une ceinture : ça ne marche pas ! Préférer les ceintures qui tombent sur les hanches

Ce type de pantalon est à réserver aux joggings dominicaux !

Les baskets, ça suffit !

Après

La coupe révèle la beauté de la chevelure

!

Le décolleté met en valeur le visage et le buste

La couleur prune s'accorde parfaitement à son teint mat

La ceinture taille basse est idéale quand on a la taille peu marquée

Lorsque l'on a des jambes aussi fines, c'est un crime de ne pas les montrer !

Le conseil de Cristina

Ouarda fait partie de ces femmes qui n'osent pas sauter le pas de l'adolescence à la féminité. Comme elle est très jolie et bien faite, elle a pu longtemps se permettre une posture post-adolescence. Aujourd'hui, cela lui pèse. Or, il suffit de peu de choses pour la transformer en belle jeune femme. Une ceinture taille basse portée sur une tunique parfaitement adaptée à sa morphologie, une veste un brin cintrée pour lui donner une illusion de taille, un bijou fantaisie, des bottes ou des chaussures un peu plus sophistiquées que des baskets, et le tour est joué !

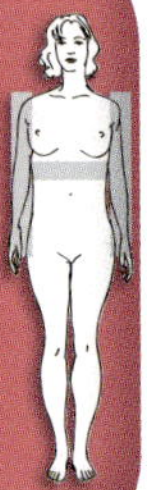

Silhouette en H

Sandra : « J'ai 28 ans, et je suis incapable de prendre soin de moi ! Dans mon univers professionnel pourtant, je suis entourée de femmes qui se coiffent, se maquillent, s'habillent… et qui m'ont poussée à me faire relooker. »

Après

La coupe épouse parfaitement la forme du visage

Le blond doré lui va à merveille

!

Élégance décontractée pour ce duo décalé top rayé et petite veste chic assortie d'une grosse fleur

Quand on a des jambes minces, on peut oser les matières satinées et brillantes

Les escarpins apportent une dernière touche glamour

Le conseil de Cristina

Les cordonniers sont souvent les plus mal chaussés ! Sandra est une illustration parfaite de ce dicton. Cette petite Cendrillon est couturière chez Chanel ! Compte tenu de ses atouts, il n'a pas été difficile de la transformer en jolie princesse du XXIe siècle. Slims, pantalons taille basse, minijupes, superpositions, rayures horizontales, matières satinées seront les pièces maîtresses de la nouvelle garde-robe de Sandra.

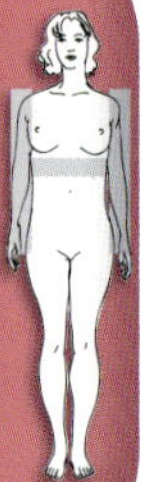

Silhouette en H

Amel : « Dans les magasins, je ne sais pas quoi acheter. À 35 ans, je n'ai toujours pas réussi à trouver mon style. » Et pourtant, Amel a de jolies formes qui ne demandent qu'à être mises en avant.

Après

Le conseil de Cristina

Le tailleur pantalon n'est pas fait pour Amel. Ou alors, porté avec un top décolleté et fluide. Elle doit privilégier les robes qui la féminisent et permettent de mettre ses jambes en valeur. Mais attention ! Rien de moulant sur le ventre. Et pas de ceintures ! Elle peut en revanche oser les vestes légèrement cintrées, portées ouvertes, qui donnent l'illusion d'une taille. Elle ne doit pas hésiter sur les sautoirs qui allongent la silhouette, contrairement aux colliers ras-du-cou.

La femme « O » est une femme ronde. Elle s'en plaint souvent. Il suffit pourtant d'un peu de jugeotte et de quelques bons conseils pour rendre ses formes tout à fait appétissantes. Principe de base : le noir et les couleurs sombres masquent les rondeurs. De même que toute tenue monochrome. N'hésitez donc pas à adopter, si vous le souhaitez, un total look blanc. De façon générale, mettez l'accent sur le haut du corps en osant les décolletés – pas trop plongeants si la poitrine est forte – et les gros accessoires en harmonie avec vos rondeurs. Côté jupes et pantalons, le noir demeure une valeur sûre. De même que les collants opaques. Attention au « trop large » qui ne masque rien mais épaissit. Choisissez des jupes droites, des pantalons fluides sans poches ni pinces, des robes fluides au tombé lourd… Mais tout cela à votre taille ! Choisissez aussi des formes épurées, des tissus mats et sans motifs. Égayez les tenues monochromes de foulards ou d'accessoires de couleur. Et portez des talons pour plus d'élan et d'allure !

Silhouette

en

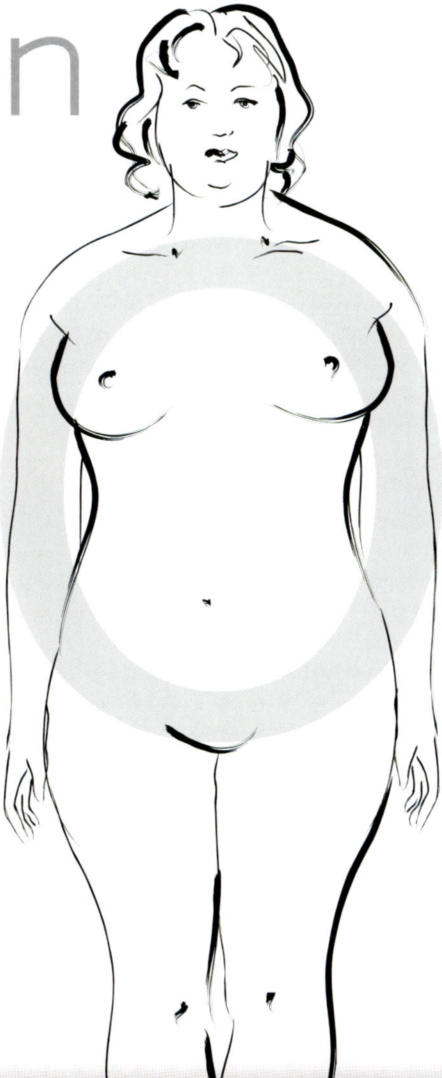

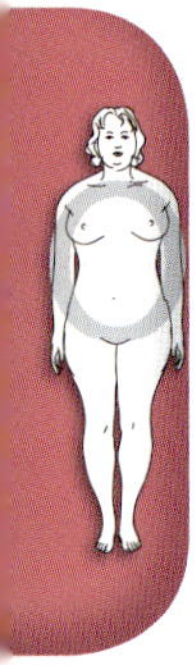

Silhouette en O

Jennifer : « J'ai 23 ans. Je m'habille comme un garçon. Aidez-moi à devenir une fille ! » Jennifer a pourtant des atouts féminins et de beaux yeux bleus qui méritent d'être mis en valeur.

Après

La coupe révèle la qualité des cheveux et apporte du glamour

Le maquillage fait ressortir ses yeux bleus

Le décolleté carré dévoile le joli cou sans mettre l'accent sur la poitrine

La tunique légère et fluide féminise et masque les rondeurs

Le pantalon tombe parfaitement

Le conseil de Cristina

Jennifer s'enveloppait dans des tee-shirts et des pulls masculins XXL. Résultat : elle paraissait beaucoup plus ronde qu'elle ne l'est et avait perdu toute féminité. Décolleté carré pour attirer l'attention sur le visage, formes droites, fluides et tenues monochromes : ces vêtements féminins adaptés à sa morphologie l'ont transformée. Rien d'extraordinaire : du bon sens, du chic et une pointe de fantaisie ont révélé la vraie personnalité de cette jeune femme qui cachait de bien beaux atouts.

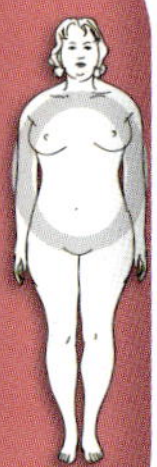

Silhouette en O

Delphine : « J'ai 30 ans. Je manque de charisme, ce qui peut me mettre en danger dans mon travail. Je suis dans la pub et il faudrait que je dégage plus de personnalité. D'autant que je manage des personnes plus jeunes. »

Avant

Le carré sage, passé 10 ans, c'est ringard !

À qui Delphine a-t-elle chipé ce tee-shirt moulant qui souligne ses poignées d'amour ?

Ce type de manches accentue la rondeur des bras et le top près du corps marque les poignées d'amour

Le jean qui épouse la rondeur des cuisses, on peut s'en passer !

Les chaussures doivent sortir du même placard que le tee-shirt...

Après

Noir toujours, mais féminin en diable ce top tout simple. Et puis le col qui dégage les épaules est beaucoup plus sexy

Féminine et glamour, la coupe souligne le bel ovale du visage

!

Le cuir révèle les jolies rondeurs sans pour autant les marquer

Un collant noir opaque et de jolis escarpins amincissent les jambes et féminisent la silhouette

Le conseil de Cristina

Delphine est une femme ronde, mais elle est aussi H, avec une taille peu marquée. Comme beaucoup de femmes ayant des rondeurs, Delphine pense que glamour et féminité lui sont interdits. Alors que ses formes pulpeuses sont par essence féminines ! Un top au joli décolleté mettra en valeur son port de tête. Fluide, il épousera ses rondeurs sans les exacerber. Les jupes et les robes révéleront le galbe des hanches tout en cachant des cuisses un peu lourdes. Comme elle n'a pas de culotte de cheval, Delphine peut les porter droites.

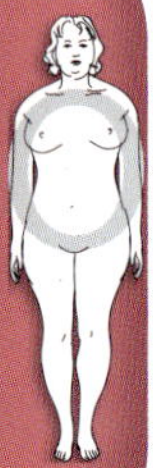

Silhouette en O

Mélanie : « J'ai 26 ans. Quand je pars de chez moi le matin, j'ai toujours l'impression d'être mal habillée. Cela me met très mal à l'aise. Quand je fais les magasins, j'aime tout et rien à la fois, et j'achète n'importe quoi. »

Après

Le port de tête est enfin révélé

Les rondes peuvent jouer à l'envi des gros bijoux

Le grand décolleté et le collier attirent le regard vers le haut du corps

Avec un long manteau noir qui allonge et amincit, on peut se permettre une robe à motifs

Le conseil de Cristina

Mélanie, bien que ronde, est un « A » spectaculaire. Ses hanches sont beaucoup plus larges que sa carrure. Elle s'habillait près du corps en haut, plus large en bas, ce qui soulignait cette disproportion. Elle doit, au contraire, porter des jupes trapèze ou évasées pour cacher ses hanches, des vestes structurées, légèrement épaulées pour équilibrer le haut et les hanches. Très grande, elle peut mettre jupes et robes longues, en privilégiant le monochrome. Ici, la robe à fleurs ne pourrait être portée seule, sans le manteau.

Un peu moins voluptueux que le « 8 », le « X » s'approche toutefois de l'idéal féminin. Les épaules sont dans l'alignement des hanches et la taille est fine. La femme « X » est plutôt mince, grande, musclée et a une petite poitrine. Elle peut même être un peu anguleuse. Mais dans l'ensemble, tout lui va. Sauf les pulls moulants à cols roulés et de couleur sombre qui écrasent la poitrine et marquent l'ossature. En revanche, vive les décolletés plongeants qui apportent féminité et sensualité ! Quant aux couleurs, aux étoffes brillantes et aux imprimés qui lui donneront du volume, elle ne doit pas s'en priver. Même chose pour les vestes et les manteaux cintrés, les jupes droites, évasées ou boule qui mettront en valeur sa minceur harmonieuse. Pour féminiser sa silhouette et sophistiquer son image, elle pourra jouer sur les accessoires. Et puis la femme « X » a la silhouette idéale pour porter des minijupes avec des bottes et des collants opaques. Si elle a les jambes fines, elle peut même se permettre les collants brillants, à motifs ou de couleur qui réveillent joliment un total look noir, par exemple.

Silhouette en X

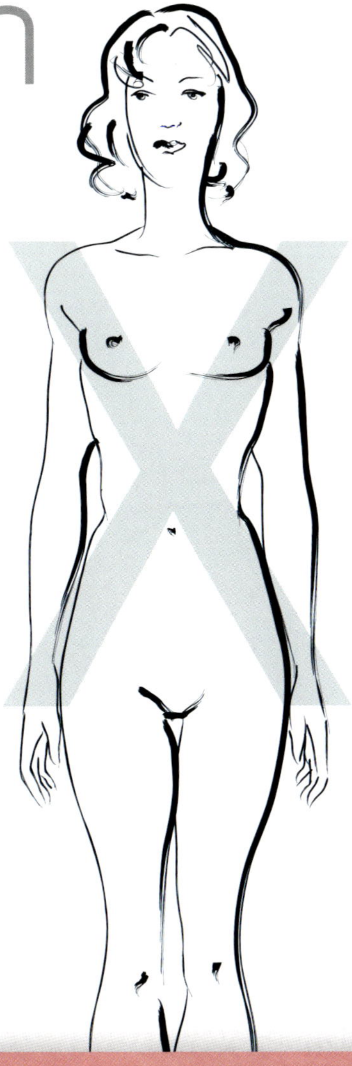

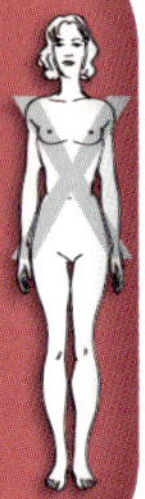

Silhouette en X

Laurenne : « J'ai 28 ans. J'aimerais explorer ce que je peux faire avec mon image, m'amuser avec les vêtements, jouer avec les styles, mais je ne sais pas comment m'y prendre ! »

Après

La couleur bleu dur de la chemise va à merveille avec sa chevelure rousse

Foulards, colliers de chien, sautoirs peuvent habiller le long cou de Laurenne

Le conseil de Cristina

Le look hippy chic convient parfaitement à la morphologie et à la personnalité de Laurenne. Elle est très mince et peut à peu près tout se permettre. Mais, avec sa petite poitrine, il lui faut privilégier les décolletés. Et comme elle a un long cou, jouer avec les foulards et les accessoires l'embellira, lui donnera plus de chic et de dynamisme. Quant aux robes et aux jupes, avec des jambes pareilles, s'en passer serait un crime !

!

Quand on a des jambes pareilles, on les montre !

Les bottes donnent un côté branché et féminisent sans excès de sophistication

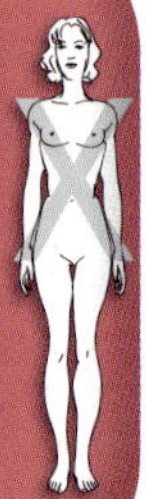

Silhouette en X

Fabienne : « J'ai toujours eu du mal à "pousser" les portes. Du coup, je me trouve trop classique. Mais maintenant que j'ai franchi le cap des 50 ans, j'aimerais bien sortir des sentiers battus. »

Après

La coupe courte rajeunit et adoucit les traits

Foulard et bracelet donnent la petite touche de couleur dans une tenue monochrome

!

Fluidité et brillance adoucissent et féminisent la silhouette. Le pantalon large apporte une touche de fantaisie chic

Le conseil de Cristina

La morphologie de Fabienne lui permet de porter tout ce qu'elle veut. Elle a donc le choix. Et quand on a trop de choix, il est souvent plus facile de ne rien choisir et de se contenter d'un look neutre ! Ce que faisait Fabienne. Il a pourtant fallu peu de travail pour que son look reflète davantage sa personnalité. Une bonne coupe de cheveux, des vêtements plus fluides, quelques accessoires, et le tour est joué!

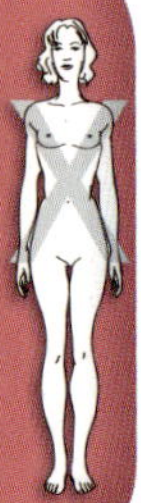

Silhouette en X

Hang : « J'ai 23 ans, je suis encore étudiante, et même pour décrocher un stage, mon apparence pose problème. Je suis toute petite, toute mince, j'ai une voix de petite fille. On doute de mon professionnalisme à cause de mon image. »

Avant

Drôle de coupe en escalier !

Le côté « petit matelot » n'aide pas à faire plus femme !

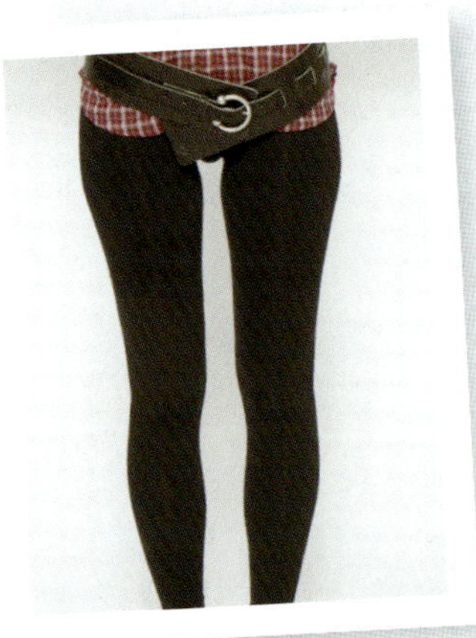

Les formes trop près du corps et les matières stretch font ressortir la maigreur des jambes

Exit le jean qui plisse aux genoux !

On oublie les bottes cow-boy quand on veut ressembler à une femme

Après

Le foulard étoffe le buste tout en lui apportant de l'élégance

La coupe donne de la maturité à Hang

!

La veste donne de la carrure et une belle personnalité à sa silhouette menue

Avec des jambes aussi minces, on peut se permettre les collants de couleur

Le conseil de Cristina

Pour Hang, il s'agit de passer de l'état de petite fille à celui de femme crédible. Tout en trouvant le brin d'originalité qui correspond à sa personnalité peu commune. Mince comme elle est, elle peut se permettre beaucoup de choses. Attention toutefois aux matières trop moulantes qui la font paraître maigre. Une veste pour toutes les occasions lui apporte la carrure dont elle manque. Pareil pour les talons. Pour elle, vu sa taille, 1,55 m, on préfèrera le compensé plus jeune et très tendance !

Travailler ce qui vous gêne

Cou épais ou petit : ON ÉVITE

Le conseil de Cristina

Le meilleur moyen de raccourcir encore un peu plus un petit cou, c'est de le couvrir ! Ainsi, gardez-vous des cols cheminée ou roulés. Laissez aussi, aux cous de girafe, le foulard noué court et les colliers ras-du-cou. Donnez plutôt dans le décolleté bateau, rond, en V, mais toujours bien échancré. Et puis, si votre poitrine n'est pas trop lourde, n'hésitez pas à arborer de grands décolletés. Enfin, si vous aimez les bijoux, un long sautoir peut faire l'affaire, mais surtout ne portez que des boucles d'oreilles fines.

➤ Le collier coupe le cou, donc le rapetisse

➤ Noué trop près du cou, le foulard le cache totalement

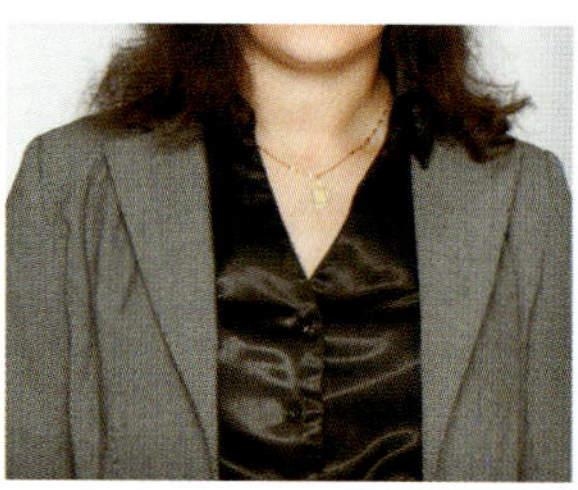

➤ La chemise pas assez échancrée engonce

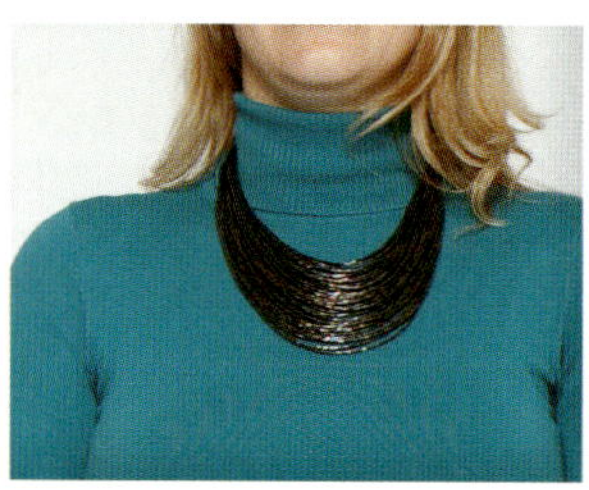

➤ Le col roulé exacerbe la petitesse du cou et engonce le visage

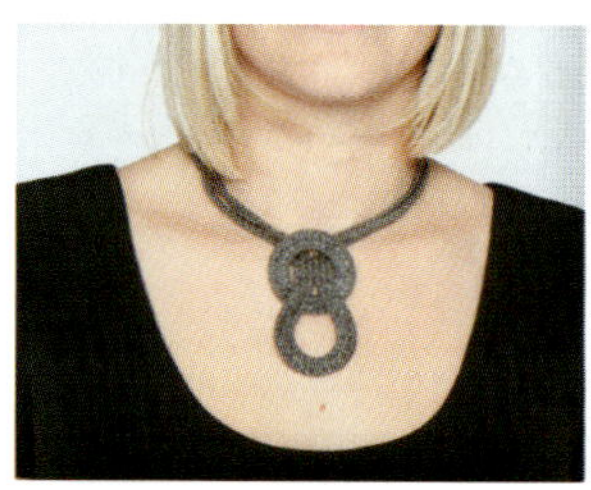

➤ Bien le décolleté, mais le collier ras-du-cou casse l'effet

Cou épais ou petit : ON PRÉFÈRE

Le col bateau dégage le cou et le visage

➤ *Le duo col échancré-sautoir dégage le port de tête*

➤ *Oui au col rond*

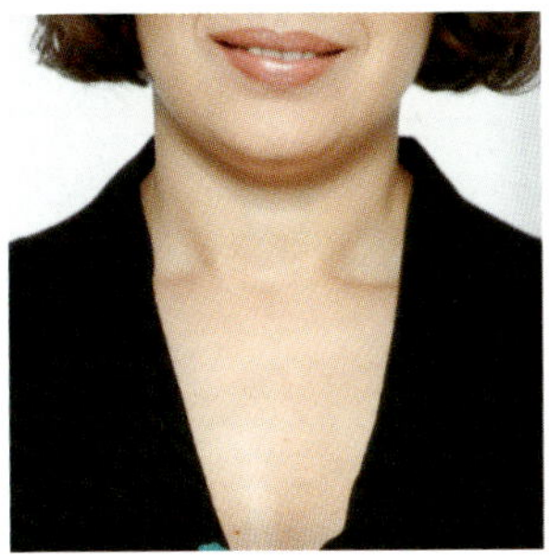

➤ *Parfait et très féminin, le grand décolleté adapté à la morphologie*

À retenir

- Non aux cols roulés et cheminée
- Non aux foulards et aux colliers ras-du-cou
- Oui aux décolletés bateau, ronds ou en V, selon votre morphologie
- Oui aux sautoirs

Épaules larges : ON ÉVITE

Le conseil de Cristina

Les épaules larges ne sont pas un inconvénient majeur, à condition toutefois de ne pas en rajouter ! Ainsi, évitez les tops épaulés, les rayures horizontales, les cols roulés près du corps, ou encore les emmanchures américaines qui peuvent rapidement vous donner une allure de déménageuse. Évitez aussi les bustiers qui, en épousant la poitrine et le buste, font ressortir les épaules. Essayez plutôt les manches raglan, tombantes, qui amenuisent la carrure.

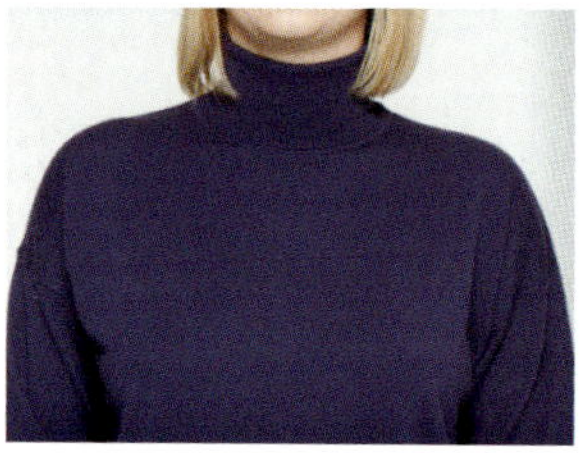

➤ Le col roulé près du corps fait ressortir les épaules

➤ Les emmanchures américaines donnent toute la mesure de la carrure

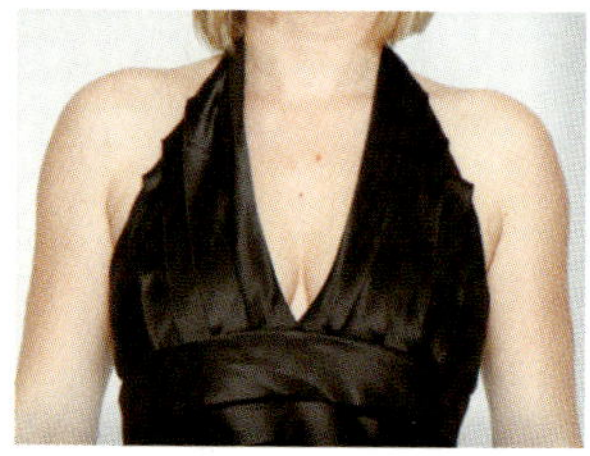

➤ Le dos-nu exacerbe la largeur des épaules, côté face aussi...

➤ La veste épaulée rajoute au moins une taille à la carrure

➤ Les rayures verticales accentuent les épaules

➤ Même chose en pire pour les rayures horizontales !

Les emmanchures chauve-souris élargissent

Épaules larges : ON PRÉFÈRE

La veste trapèze rend les épaules plus menues

➤ *La manche raglan est l'idéale pour les carrures larges*

À retenir

- Non aux épaulettes
- Non aux emmanchures américaines
- Oui aux manches raglan
- Oui aux vestes trapèze

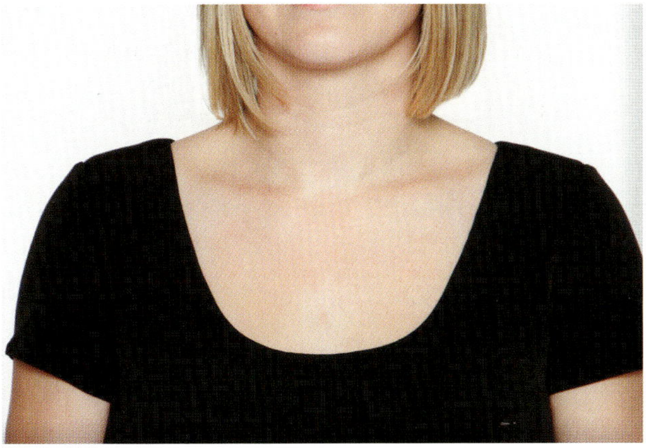

➤ *Le décolleté allège la carrure*

Forte poitrine : ON ÉVITE

Le conseil de Cristina

Une forte poitrine peut rendre une femme extrêmement pulpeuse, à condition de savoir la mettre en valeur sans excès. Ainsi, les cols roulés près du corps, les rayures horizontales, les bustiers qui écrasent, les décolletés plongeants peuvent-ils s'avérer désastreux. S'il ne s'agit pas de masquer ces seins que l'on ne saurait voir, il n'est pas question non plus de faire n'importe quoi. Pour vous, le décolleté carré demeure l'idéal.

Le col roulé marque trop la poitrine

➤ L'abondance de tissu à hauteur de poitrine ajoute de la matière là où il n'y en a pas besoin

➤ Trop échancré et de forme Empire, le top imprimé donne l'impression d'une poitrine lourde et tombante

➤ Les rayures horizontales grossissent la poitrine

➤ Le bustier écrase les seins

Forte poitrine : ON PRÉFÈRE

Le décolleté carré met la poitrine joliment en valeur

À retenir

- Non aux grands décolletés en V
- Non aux bustiers
- Non aux rayures horizontales
- Oui aux décolletés carrés

➤ *Le top légèrement décolleté et fluide tombe sur la poitrine sans la serrer*

Petite poitrine : ON ÉVITE

➤ *Le col rond peu échancré accentue l'absence de poitrine*

Le conseil de Cristina

Une jolie petite poitrine peut être une arme redoutable quand on sait la mettre en valeur ! Il vous suffit d'éviter les pulls chaussettes qui, en moulant le buste, exacerbent le manque de poitrine, les décolletés ras-du-cou et les bustiers qui écrasent jusqu'à rendre invisible ! Vous pouvez, en revanche, vous permettre les grands décolletés en V, les tops à motifs en tout genre et les jabots qui apportent de la matière.

➤ *Le pull étroit écrase la poitrine*

Petite poitrine : ON PRÉFÈRE

À retenir

- Non aux pulls chaussettes
- Non aux bustiers
- Oui aux décolletés plongeants
- Oui aux motifs et aux jabots

Le décolleté est adapté à la taille de la poitrine

➤ *Le top à motifs bien échancré avec petit gilet met en valeur les petits seins*

➤ *La large échancrure en V est parfaite et sexy*

➤ *Carreaux et jabot : épatant pour apporter de la matière !*

➤ *Les poches sur la poitrine qui donnent du volume, ça aide aussi !*

Gros bras : ON ÉVITE

Rien de tel qu'un débardeur pour attirer l'attention sur vos bras !

Le conseil de Cristina

Il n'y a rien à faire : il suffit de dénuder n'importe quelle partie de son anatomie pour attirer les regards dessus ! Sacrée nature humaine. Si donc vos bras vous posent un problème, évitez de porter des tops sans manches. Évitez aussi les manches courtes qui s'arrêtent au milieu du bras. Préférez les manches trois-quarts et pas trop serrées. Jouez du monochrome. C'est chic et tout aussi féminin que les fleurs ou les carreaux.

À retenir

- Non aux tops sans manches ou à manches courtes
- Non aux manches moulantes ou ballon
- Oui aux manches trois-quarts
- Oui aux manches évasées

➤ *Les fronces aux épaules et le stretch soulignent la rondeur des bras*

➤ *Les fleurs grossissent et l'élastique de la manche saucissonne le bras*

Gros bras : ON PRÉFÈRE

Les manches amples habillent les bras avec féminité

➤ Les manches fluides sont idéales pour les bras un peu forts

➤ Les manches trois-quarts et évasées enveloppent joliment les bras

➤ Les manches évasées sont un bon compromis entre le moulant et le très large

Bras musclés : ON ÉVITE

Le conseil de Cristina

Formidables, les bras musclés, à condition de ne pas ressembler à Musclor. Ainsi, sauf en salle de gym, inutile d'en rajouter en portant des débardeurs au risque de masculiniser votre silhouette. Pas la peine non plus de souligner votre musculature en arborant des manches moulantes. Des manches trois-quarts ou longues, fluides et pas trop près du corps vous féminiseront et vous rendront beaucoup plus glamour et sexy.

➤ *Le débardeur exacerbe la musculature...*

➤ *... les manches moulantes aussi*

Bras musclés : ON PRÉFÈRE

➤ *Glamour, la jolie manche satinée !*

À retenir

- Non aux débardeurs
- Non aux manches « seconde peau »
- Oui aux manches trois-quarts
- Oui aux manches mi-larges

➤ *Les manches longues et fluides apportent de la douceur et de la féminité*

Bras minces : ON ÉVITE

Le conseil de Cristina

Un bras trop mince n'est pas plus élégant qu'un bras trop rond. Si tel est votre cas, évitez les débardeurs et les manches courtes, ainsi que les manches longues et moulantes, notamment unies et de couleurs sombres. Optez pour les manches larges, trois-quarts, ballon, bref pour tout ce qui apportera du volume. Vous pouvez également vous permettre les gros motifs qui grossissent.

➤ *La forme débardeur dévoile l'extrême minceur des bras*

➤ *Noires et moulantes, les manches longues exacerbent la maigreur des bras*

Bras minces : ON PRÉFÈRE

➤ *Élégantes, les manches de la blouse apportent de la matière là où il en manque*

Féminines et tendance, les manches ballon sont le must des bras minces

À retenir

- Non aux débardeurs et aux manches courtes
- Non aux manches longues moulantes
- Oui aux manches ballon, chauve-souris…
- Oui aux manches trois-quarts

➤ *Le pull avec les manches relevées bouffantes étoffe les bras*

Taille non marquée : ON ÉVITE

Le conseil de Cristina

L'erreur, quand on a la taille peu marquée, consiste à tenter de s'en créer une en se saucissonnant dans une ceinture. Avec le risque de ressembler... à un saucisson ceinturé ! L'illusion de taille se travaille de façon plus subtile. Par exemple, en portant, ouvertes, des vestes légèrement cintrées, en jouant des ceintures tombant sur les hanches... L'un des must pour celles qui ont peu de taille, ce sont les blouses et les robes taille Empire. Effet glamour, sexy et féminin assuré !

Que voit-on ? Une taille ? Non, une ceinture !

➤ Le blouson court porté en superposition attire l'attention sur la taille

➤ Idéal pour ressembler à un saucisson ceinturé !

Taille non marquée : ON PRÉFÈRE

➤ *Sexy, la ceinture qui tombe sur les hanches*

➤ *Féminine en diable, la blouse taille Empire*

À retenir

- Non aux ceintures serrées au niveau de la taille
- Oui aux ceintures tombant sur les hanches
- Oui aux pantalons taille basse
- Oui aux vestes légèrement cintrées

Le trench légèrement cintré et porté ouvert crée l'illusion d'une taille

Ventre rebondi : ON ÉVITE

Le conseil de Cristina

Vous avez un petit bedon ? Pas de panique. Il suffit de quelques trucs bien adaptés pour le masquer sans le comprimer. Évitez d'abord de le mouler dans des matières stretch et ne le couvrez pas non plus d'étoffes superflues en croyant noyer le poisson. Interdites aussi les chemises à l'intérieur du pantalon. Et puis dites non aux tailles basses, idéales pour faire ressortir vos bourrelets disgracieux. Jouez plutôt sur les matières fluides et mates, qui tombent avec élégance sans mouler le corps.

Les tissus moulants à rayures ou autres motifs grossissent, et les matières brillantes aussi !

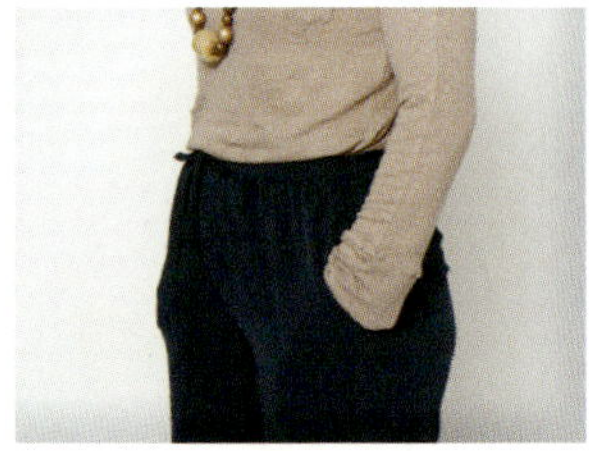

➤ Non aux pantalons taille élastique à pinces et à poches latérales

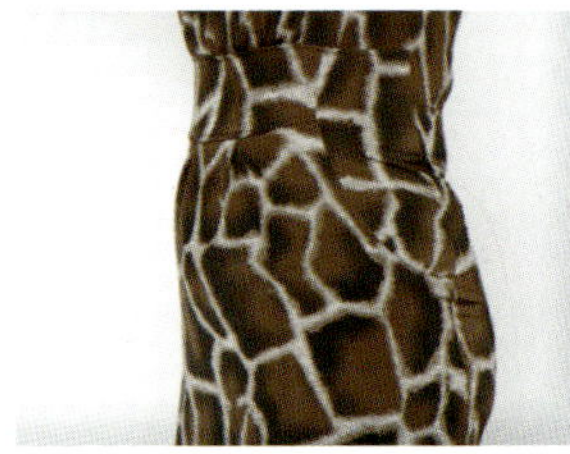

➤ La robe près du corps épouse la courbe du ventre, hélas

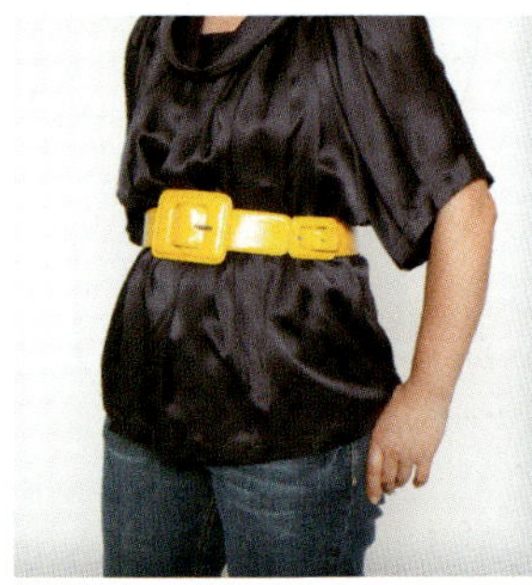

➤ La ceinture fait ressortir le ventre

➤ Faut-il vraiment ajouter des plis aux bourrelets ?

Ventre rebondi : ON PRÉFÈRE

➤ La blouse lâche sur le ventre cache les petits défauts

À peine large au niveau du ventre, la tunique se resserre sur les hanches

➤ Le top fluide et décolleté attire l'attention sur les épaules et habille joliment le ventre

➤ La tunique large et fluide tombe parfaitement le long du buste

➤ Le top non cintré épouse le buste sans le mouler

À retenir

- Non au stretch
- Non aux ceintures qui font ressortir le ventre
- Oui aux tuniques fluides qui masquent joliment le ventre

Hanches larges : ON ÉVITE

➤ Les poches latérales élargissent les hanches

Le conseil de Cristina

Tout d'abord, attention de ne pas confondre « culotte de cheval », « fesses rebondies » et « hanches larges » qui sont autant de caractéristiques différentes.
En toute logique, si vos hanches sont larges, vous éviterez les surplus de matières sur cette partie de votre anatomie – telles que les fronces, les plissés, les pinces ou encore les poches latérales –, ainsi que les étoffes moulantes qui épousent la ligne du corps. Vous privilégierez en revanche les pantalons droits, si possible légèrement évasés dans le bas (style bootcut pour les jeans), les jupes et les robes trapèze.

La forme du pantalon englobe trop les hanches

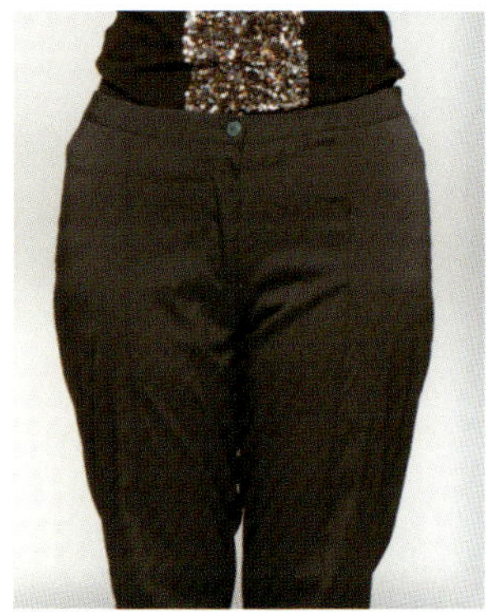

➤ Large en haut, étroit en bas, ce pantalon est l'inverse de ce qui convient ici

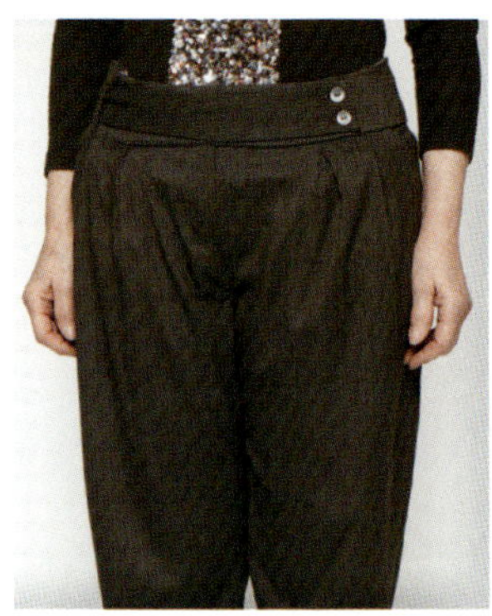

➤ L'apport de plis au niveau des hanches grossit

Hanches larges : ON PRÉFÈRE

La jupe trapèze cache les hanches

➤ *Les jupes évasées dissimulent les hanches*

➤ *Le pantalon droit et fluide tombe parfaitement sur les hanches, sans les mouler*

À retenir

- Non aux pantalons slim et cigarette
- Non aux pantalons et jupes à pinces et poches latérales
- Oui aux pantalons droits ou légèrement évasés dans le bas
- Oui aux formes trapèze

Fesses plates : ON ÉVITE

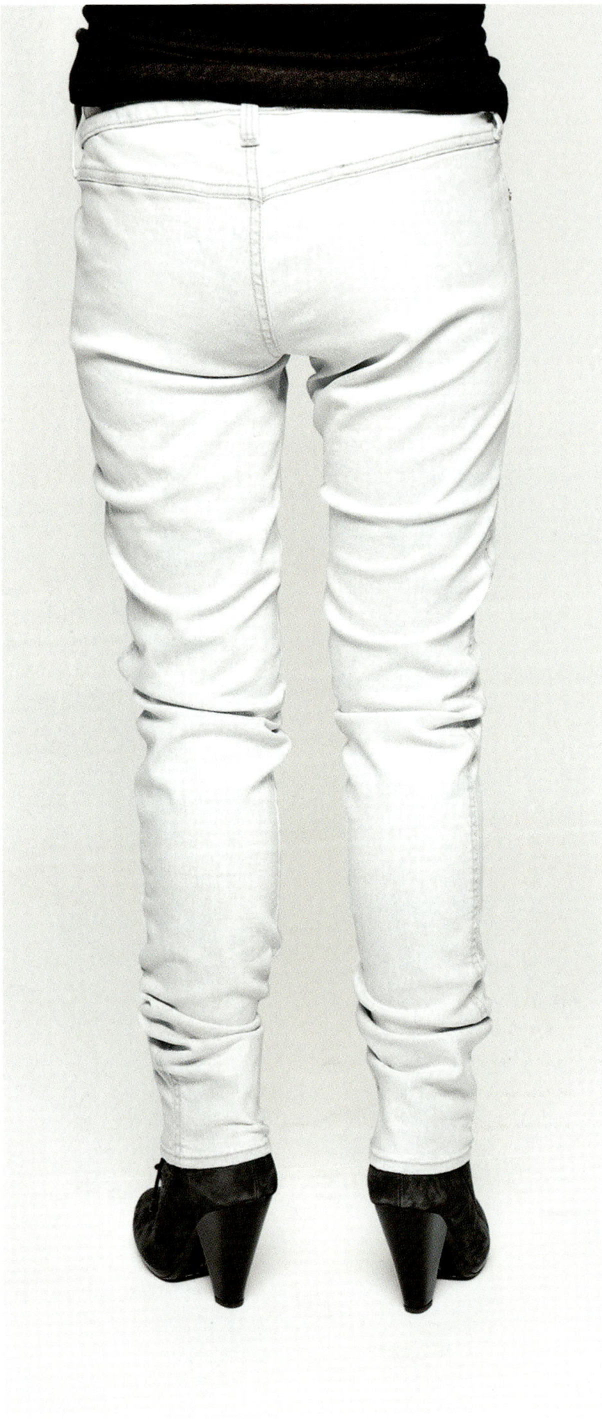

Le conseil de Cristina

Les femmes veulent être minces, mais ne supportent pas d'avoir les fesses plates. Si, malheureusement, tel est votre cas, voici quelques trucs pour les repulper.
Évitez les pantalons très moulants de couleur sombre et en tissus mats qui dévoilent cruellement le manque de galbe. Choisissez-les plutôt larges ou alors à motifs ou en matières satinées : cela remplume !
Autorisez-vous aussi les poches sur les fesses qui apportent de la matière.

➤ **Le pantalon sans poches à l'arrière aplatit les fesses de profil et de dos**

Fesses plates : ON PRÉFÈRE

À retenir

- Non aux leggings
- Non aux pantalons moulants et sans poches derrière
- Oui aux pantalons aux poches à rabat sur les fesses
- Oui aux pantalons brillants

➤ *Les poches à rabat et à bouton apportent du galbe de profil*

Le pantalon large en haut et resserré en bas avec des poches à rabat derrière donne du volume aux fesses

Culotte de cheval : ON ÉVITE

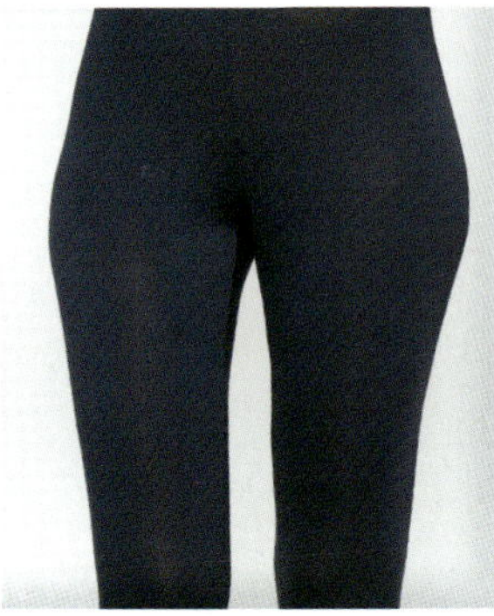

➤ **Le legging épouse parfaitement la rondeur mal placée !**

Le conseil de Cristina

Symbole de la féminité, la culotte de cheval n'a pourtant pas la cote ! Allez savoir pourquoi… C'est le défaut proclamé le mieux partagé puisqu'elle s'installe aussi bien chez les minces que chez les rondes. Il suffit pourtant de pas grand-chose pour la masquer. C'est assez évident, mais cela mérite tout de même d'être souligné. De façon générale, évitez les matières moulantes qui mettent l'accent sur cette rondeur disgracieuse et les surplus d'étoffes qui l'exacerbent.

Le jean à poches latérales exacerbe la culotte de cheval

➤ **La jupe plissée apporte un surplus sur la culotte de cheval**

➤ **La robe moulante ultra féminine accentue la culotte de cheval**

Culotte de cheval : ON PRÉFÈRE

➤ *Le pantalon large efface la culotte de cheval*

➤ *La robe fluide marquée à la taille souligne celle-ci tout en gommant la culotte de cheval*

À retenir

- Non aux leggings qui suivent les galbes disgracieux
- Non aux jupes plissées et aux poches latérales
- Oui aux pantalons larges
- Oui aux robes évasées qui masquent les formes trop rondes

La robe fluide évasée avec une taille haute épouse le corps sans marquer les rondeurs

Cuisses rondes : ON ÉVITE

Le conseil de Cristina

Pas de panique ! La cuisse ronde ne constitue pas un défaut insurmontable. Il suffit juste d'adapter sa garde-robe à ces rondeurs. Si vous aimez les motifs, portez-les sur une robe fluide, mais pas sur un pantalon. Si vous aimez les jupes courtes, choisissez-les juste au-dessus du genou, mais pas mini mini. Enfin, apprenez à vous passer de poches sur les pantalons. Placées à hauteur des cuisses, elles les étoffent, ce qui, dans votre cas, n'est pas nécessaire.

Les grosses fleurs... grossissent

➤ Le pantalon moulant et satiné n'est guère flatteur pour les cuisses rondes

➤ Le legging n'avantage pas non plus

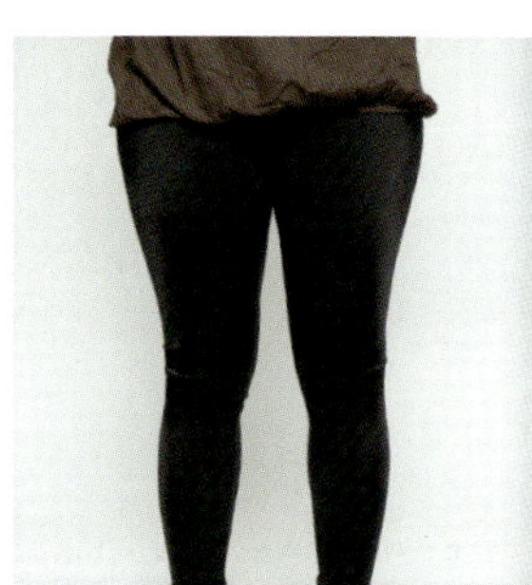

➤ Le collant chair est à proscrire, d'autant que les cuisses sont rondes

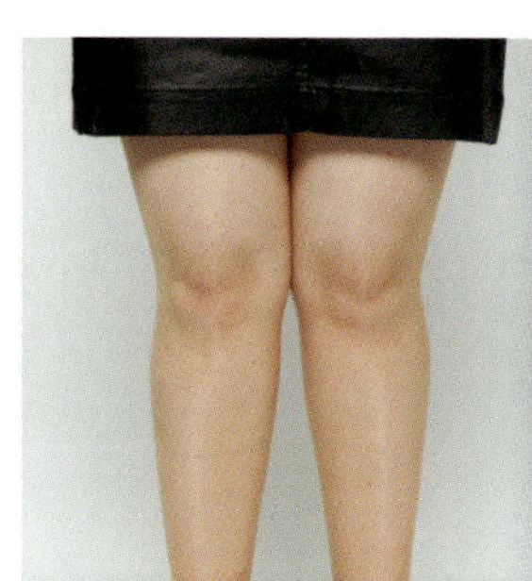

Cuisses rondes : ON PRÉFÈRE

➤ *Le pantalon fluide et sans poches amenuise les rondeurs*

➤ *La jupe fluide efface les rondeurs tout en révélant les jambes*

La robe fluide tombe sur les cuisses sans les marquer et dévoile des jambes d'autant plus fines

À retenir

- Non aux pantalons à gros motifs et à tissu brillant
- Non aux pantalons et jupes à poches latérales, près du corps
- Oui aux jupes et robes fluides non moulantes
- Oui aux pantalons droits légèrement évasés dans le bas

➤ *La minijupe oui, avec des collants opaques*

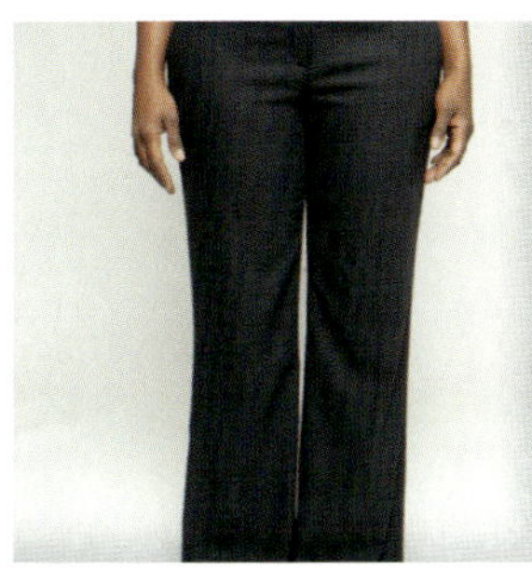

➤ *Le pantalon droit légèrement évasé dans le bas s'harmonise avec la morphologie*

Genoux ronds : ON ÉVITE

➤ ***Les collants à motifs sont le domaine réservé des maigres !***

Le conseil de Cristina

Le genou au milieu de la jambe, c'est comme le nez au milieu du visage : ça se voit ! Que faire donc quand ce genou est potelé ? D'abord et avant tout, ne pas s'aventurer dans le collant clair, fin ou à motifs, mais préférer un bon basique opaque noir. Ne pas s'aventurer non plus dans l'univers du slim ou du legging. Et puis, surtout, prendre garde à la longueur des jupes et des robes : jamais au milieu du genou !
Le couper, c'est le meilleur moyen de révéler sa rondeur. Jupes et robes doivent donc être au-dessus ou sous le genou.

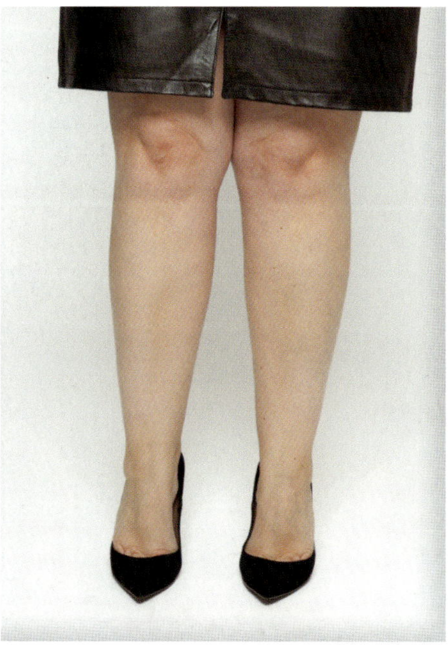

➤ ***Ni jambes nues ni collants chair, à moins d'assumer ses genoux !***

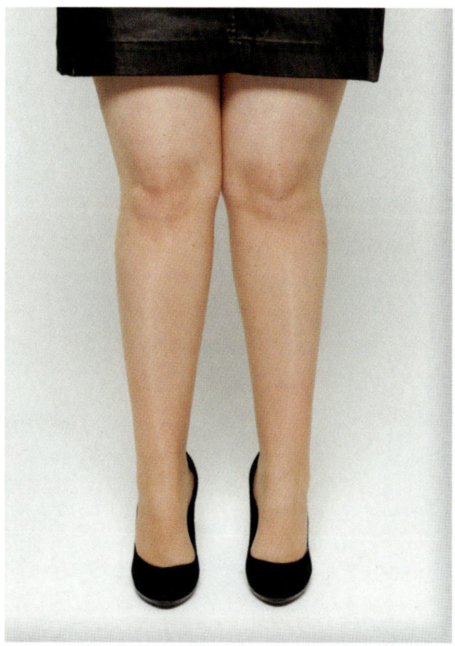

➤ ***Au-dessus du genou, pourquoi pas ? Mais pas sans collant opaque***

Genoux ronds : ON PRÉFÈRE

Robe longue, l'évidence pour cacher les genoux

La longueur au-dessus du genou attire l'attention sur l'ensemble de la jambe

À retenir

- Non aux jupes au milieu du genou
- Non aux collants chair ou à motifs brillants
- Oui aux jupes au-dessus ou au-dessous du genou
- Oui aux collants opaques noirs

La longueur juste au-dessous du genou est parfaite pour masquer la zone disgracieuse

Jambes épaisses : ON ÉVITE

Le conseil de Cristina

Ce n'est pas parce que l'on a des jambes épaisses qu'il faut nécessairement les enfouir sous des monceaux d'étoffes. Le résultat est souvent contraire à celui que l'on souhaite. Là encore, faites preuve de bon sens. Pas de collant clair, pas de bottines, si ce n'est sous le pantalon. Le pantacourt n'est pas pour vous. Préférez les pantalons droits légèrement évasés dans le bas, les jupes et robes avec des collants opaques noirs et les chaussures à bout rond, compensées ou à gros talon et patin.

La minijupe moulante et les talons fins exacerbent le volume des jambes

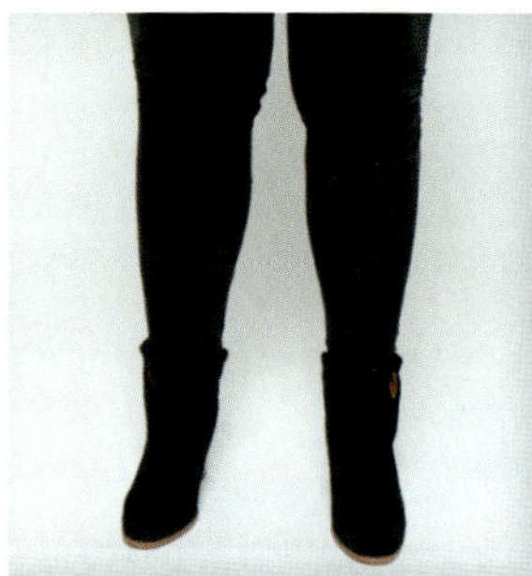

➤ Le legging et la bottine saucissonnent

➤ La bottine coupe le mollet et fait ressortir les zones potelées

➤ Les escarpins à bout trop pointu n'avantagent pas les jambes épaisses

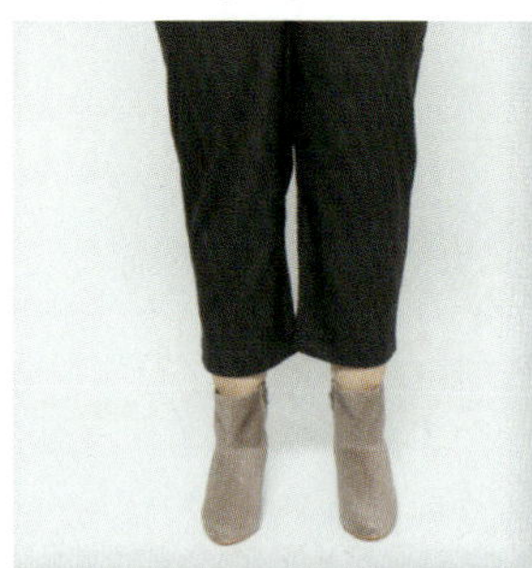

➤ Le duo pantacourt-boots coupe la jambe, donc grossit

À retenir

- Non aux boots et bottines portées avec une jupe ou un pantacourt
- Non aux leggings et aux slims
- Oui aux collants opaques noirs
- Oui aux chaussures à bout rond et à patin

Jambes épaisses : ON PRÉFÈRE

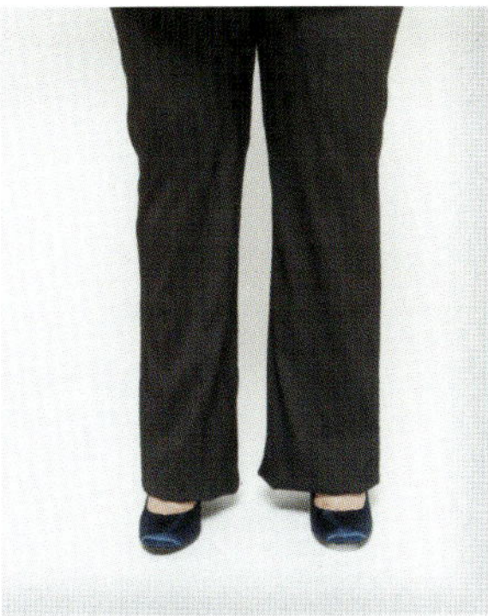

➤ *Le pantalon droit légèrement évasé dans le bas amincit*

➤ *L'escarpin rond à patin allonge la jambe, même avec une minijupe si elle est évasée*

➤ *Le collant opaque noir et l'escarpin à talon épais s'harmonisent avec la forme de la jambe*

La robe fluide au-dessus du genou, portée avec un collant opaque noir et des chaussures compensées, équilibre la silhouette

Jambes courtes : ON ÉVITE

➤ *Le duo pantalon taille basse-ballerines tasse la silhouette*

Le conseil de Cristina

Que faire d'une jambe un peu courte ? La rallonger, évidemment ! Ou tout du moins faire en sorte de ne pas la rapetisser ! Ainsi, en toute logique, vous éviterez les jupes et pantalons taille basse, les pantacourts. Vous préférerez les tailles médianes ou hautes qui allongeront vos jambes. Vous opterez aussi pour des robes et jupes mini ou très longues qui vous élanceront. Et vous donnerez un coup de pouce à vos courtes gambettes en portant des talons. Pas besoin de hauteurs vertigineuses, mais vous laisserez les ballerines aux grandes sauterelles.

➤ *La jupe taille basse, même avec des talons, n'allonge pas la jambe*

➤ *La superposition et le jean taille basse rapetissent les jambes et allongent encore le buste*

Jambes courtes : ON PRÉFÈRE

La robe taille haute rééquilibre buste et jambes

La longue robe fluide est parfaite pour rééquilibrer la silhouette

Bottes et minijupe taille haute allongent la jambe

Le pantalon évasé et les talons élancent

À retenir

- Non aux pantalons et jupes tailles basses
- Non aux jupes sur le genou
- Oui aux minijupes
- Oui aux jupes et pantalons taille haute
- Oui aux pantalons évasés
- Oui aux talons

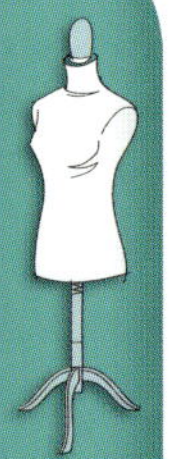

Jambes minces : ON ÉVITE

Le pantalon moulant et noir souligne l'extrême minceur des jambes

Le conseil de Cristina

Eh oui, même les minces ont des problèmes ! Si votre minceur confine à la maigreur, adoptez quelques résolutions. Évitez les slims, les leggings et de façon générale tout ce qui fait office de seconde peau. Faites aussi une croix sur les minijupes qui risquent de vous faire des pattes de moineau. Jouez plutôt avec des pantalons larges, des collants de couleur ou même à motifs. Vous n'êtes pas nombreuses à pouvoir porter des collants bleus, verts, écossais ou à rayures. Alors profitez-en sans modération !

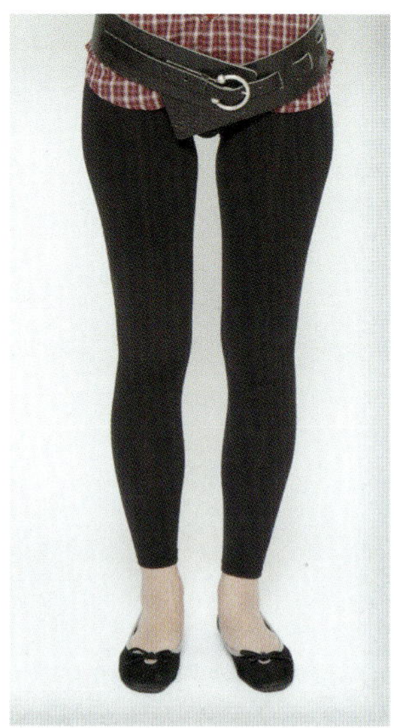

➤ Les leggings sont interdits pour les jambes très minces

Jambes minces : ON PRÉFÈRE

➤ *La jupe au-dessus du genou est parfaite*

➤ *Le sarouel droit étoffe les jambes*

Le pantalon très large apporte élégance et envergure

➤ *La jupe ballon associée au collant brillant étoffe les jambes*

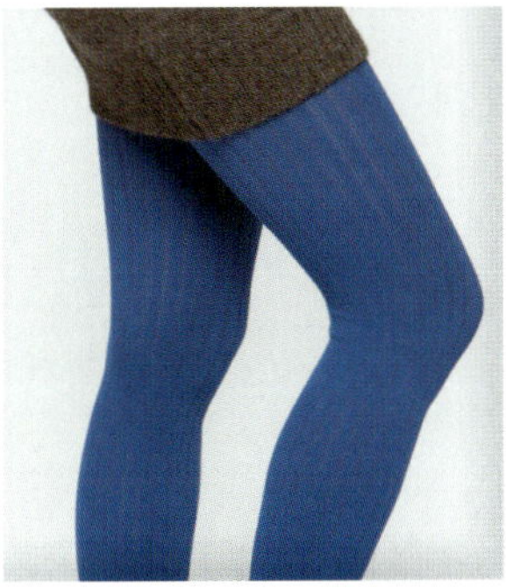

➤ *Le collant de couleur est idéal sur une jambe très mince*

À retenir

- Non aux leggings
- Non aux jeans slims
- Oui aux pantalons larges
- Oui aux collants imprimés

Jambes arquées : ON ÉVITE

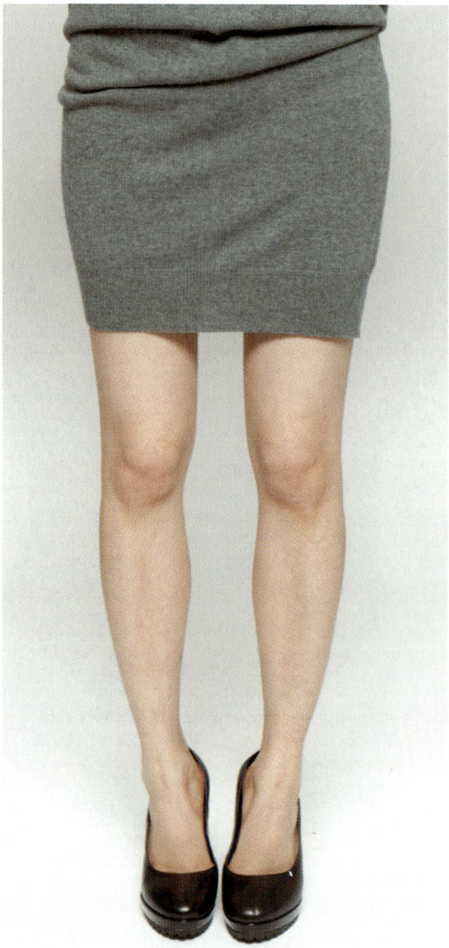

Le conseil de Cristina

Bien qu'elles soient souvent fines, les jambes arquées peuvent complexer. Un peu de bon sens vous permettra néanmoins de les montrer. Évitez les leggings, seconde peau qui marque tous les défauts. Évitez aussi les minijupes qui soulignent l'arc des jambes. Jouez plutôt des jupes et robes juste au-dessus du genou, élégantes et très féminines. Optez aussi pour des pantalons larges et faites une croix sur les slims.

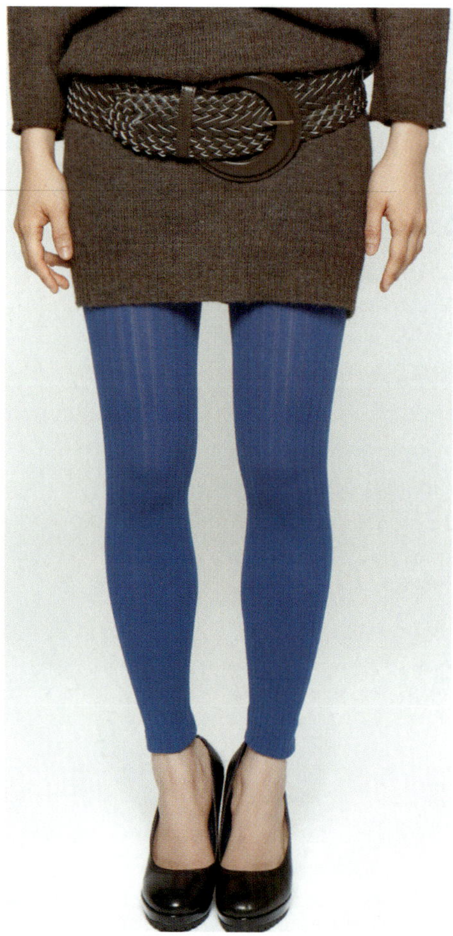

➤ *La minijupe révèle l'arc des jambes*

➤ *Le legging souligne parfaitement les jambes arquées !*

Jambes arquées : ON PRÉFÈRE

➤ Le pantalon large cache avantageusement les jambes arquées

À retenir

Les jambes arquées ne sont pas un handicap si on sait les habiller

- Non aux leggings et aux slims
- Non aux minijupes
- Oui aux jupes au-dessus du genou
- Oui aux pantalons larges

➤ La robe au-dessus du genou révèle les jolies jambes, en masquant l'arc

Mollets forts : ON ÉVITE

Le conseil de Cristina

Comme les chevilles épaisses, les mollets forts ne sont pas un handicap rédhibitoire ! L'idéal demeure les bottes hautes. Mais vous pouvez aussi vous permettre des chaussures à bout rond, compensées ou à patin. Évitez cependant les chaussures à talon trop haut et fin qui font ressortir le mollet. Enfin, pas de collants fins, satinés, couleur chair ou à motifs. Un seul choix : le collant opaque noir (40 deniers au minimum !).

➤ La longueur mi-mollet de la jupe coupe et souligne le mollet

➤ Les collants à motifs grossissent

➤ Le legging moule le mollet disgracieux

➤ Le duo pantacourt-chaussures à brides rapetisse et épaissit la jambe

➤ Le collant chair et brillant grossit le mollet ainsi que les talons fins

Mollets forts : ON PRÉFÈRE

➤ *La jupe au-dessus du genou et le collant opaque noir allongent la jambe*

Les bottes hautes allongent la jambe et camouflent les mollets musclés

À retenir

Oui, vous pouvez montrer vos jambes, mais pas à n'importe quelle condition

- Non aux collants chair ou à motifs
- Non aux jupes à mi-mollet
- Oui aux gros talons, aux patins et aux compensées
- Oui aux bottes hautes

Chevilles épaisses : ON ÉVITE

➤ ***Les brides et leggings saucissonnent les chevilles***

Le conseil de Cristina

Avoir des chevilles épaisses ne signifie pas forcément qu'il faille les cacher à tout prix. Il y a cependant des choses à ne pas faire et d'autres qui, au contraire, les feront paraître plus fines. Exit les chaussures à brides et les bottines qui, en coupant la cheville, la font ressortir. Évitez également les pantacourts qui attirent l'attention sur cette partie disgracieuse de votre corps ! Ou alors portez-les avec des bottes. Si vous optez pour des escarpins, choisissez-les à bout rond, compensés ou à talon épais avec une semelle patin.

➤ ***Les bottines coupent la jambe***

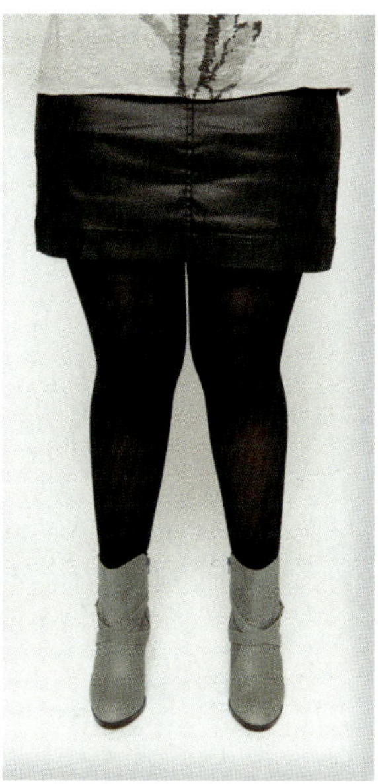

➤ ***Le duo brides-pantacourt souligne la cheville que l'on veut au contraire affiner***

➤ ***Le duo boots ou bottines-pantacourt sombre attire l'attention sur la cheville***

Chevilles épaisses : ON PRÉFÈRE

Les jolies chaussures sans brides et décolletées affinent les chevilles tout en donnant du style à la tenue

➤ *Oui au collant opaque et aux chaussures à talon épais*

À retenir

On peut montrer ses chevilles même quand elles sont épaisses, mais pas n'importe comment

- Non aux chaussures à brides autour de la cheville
- Non aux boots et bottines
- Oui aux bottes hautes
- Oui aux chaussures compensées ou à patin.
- Oui aux chaussures décolletées.

Choisir ses bijoux

Plus besoin d'être milliardaire pour porter des bijoux. La tendance est même aux bijoux fantaisie. Si vous pouvez vous offrir la place Vendôme, tant mieux pour vous. Sinon, le toc fait des miracles et permet des folies !

Pour habiller une longue main

Parfaites pour un long cou

Idéal pour une tenue monochrome

S'il est agréable de posséder beaucoup de bijoux, il n'est pas conseillé de les porter tous ensemble. Sauf à vouloir ressembler à un sapin de Noël... Et puis trop de bijoux tuent le bijou. Donc pas plus de 3 bijoux, et plutôt dépareillés, sauf, bien sûr, s'il s'agit d'une parure de diamants ! Choisissez en outre l'endroit de votre anatomie ou de votre tenue sur lequel vous souhaitez focaliser les regards.

Bijoux et morphologie

• **Si vous êtes ronde :** arborez une grosse broche ou un gros collier ; un gros bracelet ou une grosse bague. Le trop fin paraîtrait trop riquiqui...

• **Si vous êtes petite et maigre :** évitez le « trop lourd », sous lequel vous sembleriez ployer telle la brindille dans la tourmente. Mais si vous êtes petite et ronde, ne mettez pas des bijoux trop fins.

• **Si vous avez un petit cou :** sautez sur les sautoirs qui l'allonge, tout comme

Indispensable sur un total look noir

La broche, le bijou à ne pas oublier

Une touche de chic discret

Du soleil pour peau mate ou cuivrée

Le sautoir pour allonger la silhouette

la silhouette. En revanche, préférez les boucles d'oreilles courtes.

• **Si vous avez un long cou :** les ras-du-cou ou l'abondance de chaînettes sont parfaits pour vous. De même que les longues boucles d'oreilles.

• **Les petits doigts** ne supportent pas les grosses bagues. Offrez-leur plutôt des bagues fines.

• **Les longs doigts** supportent les grosses bagues, sobres ou travaillées. De même les grosses mains. Mais attention ! Pas une à chaque doigt.

Côté couleurs

• Le mieux est d'essayer. En principe, l'or, le doré, le cuivré, l'ambre conviennent plutôt aux teints chauds, et l'argent et les perles, aux teints froids. Regardez les reflets de l'iris de vos yeux : s'ils comportent du jaune, l'or vous ira ; s'ils contiennent de l'argenté ou du blanc, mettez plutôt de l'argent ou de l'or blanc. Mais il peut y avoir des exceptions. Faites donc confiance à votre bon sens.

• Attention aux sautoirs sur les blouses bariolées ou à gros motifs. Le mélange des couleurs et des matières finit par faire mal aux yeux !

• Ne vous cantonnez pas au ton sur ton. Ce n'est pas parce que vous portez une tenue rouge que vos bijoux doivent être de la même couleur. Tranchez ! Du noir, du bleu, du vert, voire même du violet peuvent très bien faire l'affaire.

• Et, de façon générale, évitez le total look noir sans bijoux. Sauf si vous souhaitez ressembler à une veuve corse. Même chose pour le total look blanc qui, sans bijoux, peut rapidement faire uniforme hospitalier.

Choisir ses soutiens-gorge

D'accord... certaines poitrines ont besoin d'un peu d'aide ! Mais qu'on se le dise, il n'y a pas de cas désespérés, juste des soutiens-gorge mal adaptés !

Le balconnet et la corbeille

Quel est le meilleur écrin pour vos seins ?

• **Le soutien-gorge sans armatures :** c'est le plus confortable. Avec ses larges bretelles, il s'adapte à tous les types de poitrines, même les plus plantureuses. Mais il n'est pas flatteur pour les petits seins.

• **Le balconnet et la corbeille :** très décolletés, ils présentent une découpe arrondie. Ils dévoilent la naissance des seins, qu'ils maintiennent grâce à leurs armatures. Ils sont parfaits pour remonter les petits seins et faire pigeonner les fortes poitrines. Ils sont disponibles en bonnets A, B, C et D.

• **La brassière :** elle a été conçue pour maintenir les seins des sportives. Sans

Comment déterminer sa taille ?

Mesurez votre tour de poitrine sans écraser vos seins, ainsi que votre tour de buste (sous la poitrine). La différence entre les deux détermine la catégorie de bonnet. Le tour de la poitrine donne la taille du soutien-gorge.

DIFFÉRENCE DE BONNET

- 10 cm : bonnet A
- 15 cm : bonnet B
- 17,5 cm : bonnet C
- 20 cm : bonnet D
- 22,5 cm : bonnet E

Exemple :

Si votre tour de poitrine mesure **85 cm** et que votre tour de buste est de **70 cm.** La différence entre votre tour de poitrine et votre tour de buste est **15 cm.**

Votre taille de soutien-gorge est donc **85 B.**

Si vous êtes entre deux tailles, choisissez toujours la plus grande.

Le bustier

Le triangle

Le « push-up »

Le « minimiseur »

armatures, elle épouse et soutient la poitrine grâce à de larges bandes élastiques situées sous les bonnets et dans le dos. Elle est idéale pour un look sportif, mais peu adaptée aux tenues sexy.

• **Le bustier :** sans bretelles, il est parfait pour les tops bustiers. Il convient aux bonnets A, B ou C, mais est déconseillé pour les fortes poitrines.

• **Le triangle :** il est réservé aux petites poitrines pour le confort, mais n'est pas très sexy.

Gonfler ou réduire, il faut choisir !

Certains soutiens-gorge ont été spécialement conçus pour corriger les excès ou les manquements de la nature !

• **Le « push-up » :** rembourré, il permet de rapprocher les seins. Il galbe aussi les poitrines menues.

• **Le « minimiseur » :** réservé aux bonnets C, D, E et F, il enveloppe les seins en les resserrant sans les comprimer.

Quel décolleté pour quelle poitrine ?

• **Le décolleté plongeant :** il est réservé aux petits seins.

• **Le décolleté carré :** idéal pour les poitrines généreuses. Si tel est votre cas, sachez que le décolleté plongeant fait rapidement vulgaire.

Peut-on se passer d'un soutien-gorge ?

• Oui, seulement si l'on n'a pas de trop gros seins (bonnets A ou B). Dans ce cas, décolleté plongeant obligatoire, pour un effet sensuel !

• En revanche, si vous avez de petits seins et que vous portez un pull moulant, prenez un soutien-gorge rembourré, pour ne pas faire planche à pain !

Choisir ses tissus

Les tissus des vêtements sont très importants. Non seulement parce qu'un pantalon, une jupe, une robe ou un top coupé dans une belle matière aura forcément du tombé et de la classe, mais aussi parce que toutes les matières ne conviennent pas à toutes les morphologies.

Imprimé pour silhouette fine

Le bon choix : la soie

Les différents tissus

• **Les matières naturelles :** côté confort, les matières naturelles, telles que le coton, le lin, la soie ou la laine, sont très agréables à porter. Attention au lin qui nécessite une coupe impeccable pour que le vêtement ne fasse pas sac !

• **Les matières synthétiques :** un peu de synthétique dans la composition d'un vêtement ne nuit ni au confort ni au rendu. Il peut même donner de l'allure à l'étoffe et rendre le vêtement plus facile à entretenir.

En revanche, évitez le 100 % synthétique, surtout pour les tops. Sur cette matière, couleurs et imprimés sont peu fins. Et puis, cela fait vite *cheap* ! Et passé un certain âge, le *cheap* peut vite être synonyme de

Léger et seyant : le crêpe

Laine et polyester = souplesse et bonne tenue

Mousseline pour corps pulpeux

Le cuir, une valeur sûre

Les rayures remplument !

Joli tombé de la maille fine

« négligé ». Enfin, le synthétique engendre une forte sudation et en exacerbe l'odeur. Gare donc au tristement célèbre « à vue de nez, il est cinq heures de l'après-midi » !

- **Les matières brillantes, satinées :** elles grossissent. Plus encore si elles sont associées à des rayures, des bariolages ou de gros motifs. Et plus elles sont fines, plus elles révèlent bourrelets et marques de cellulite. Elles sont donc réservées aux minces. Attention toutefois aux pantalons, jupes, robes fourreaux en matière brillante. Ils ne laissent rien échapper : portez-les donc avec un string.

Stretch à paillettes pour corps parfait

- **Les matières épaisses :** elles ne mettent évidemment pas en valeur les rondes qui préfèreront la maille ou les tissus fluides. Portés pas trop près du corps, ils gommeront les petites rondeurs et allongeront la silhouette.

Pour prendre soin de son linge

- Respectez les consignes de lavage indiquées sur chaque vêtement.
- Utilisez une lessive adaptée pour les couleurs et une autre pour les tissus sombres.
- Pour les matières foncées, lavez-les et repassez-les à l'envers, pour ne pas qu'il y ait de trace.

Choisir ses jeans

Le jean est devenu l'incontournable de toute garde-robe. Il en existe à tous les prix et pour presque toutes les occasions.
Toutes les femmes peuvent le porter à condition de l'adapter aux circonstances et à leur silhouette, et savoir l'accessoiriser.

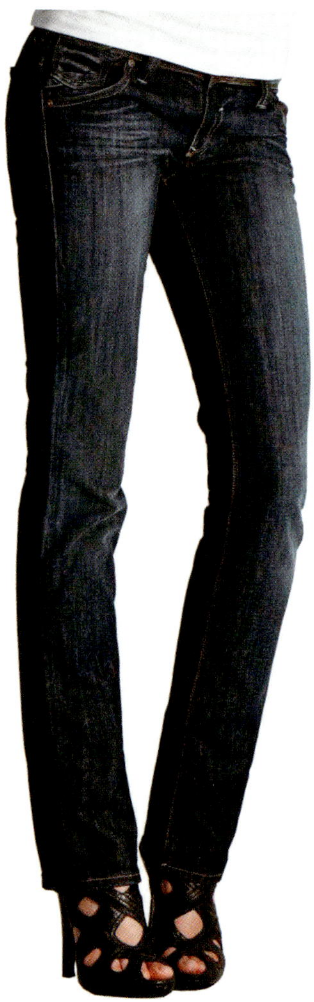

Un slim pour de belles jambes longues et fines

Un jean pour chaque morphologie !

• **Si vous avez des hanches :** si elles sont prononcées et/ou si vous avez du ventre, optez pour un jean bootcut à taille légèrement haute et à jambes évasées. Il équilibrera votre silhouette en évitant l'effet « bouteille de Perrier » !

• **Si vous êtes ronde :** préférez une coupe droite sans poches, ni sur les fesses ni sur les côtés.

• **Si vous êtes mince :** n'hésitez pas, sauf si vos jambes sont arquées, à jeter votre dévolu sur un jean cigarette ou slim qui mettra vos jambes en valeur. Vous pourrez même le porter rentré dans de belles bottes ! Pour « remplumer » vos fesses, autorisez-vous les jeans avec des poches sur les fesses.

Chic, un jean !

Brut, surtout pas délavé, et porté avec une blouse en soie ou une veste cintrée, le jean a une allure folle. Vous pouvez sans hésiter vous permettre de le porter pour une soirée ou un cocktail. Associez-le alors à des escarpins, des bottes ou des bottines élégantes et à talons pour affiner et allonger votre silhouette. Une ceinture peut aussi lui apporter une touche d'élégance supplémentaire.

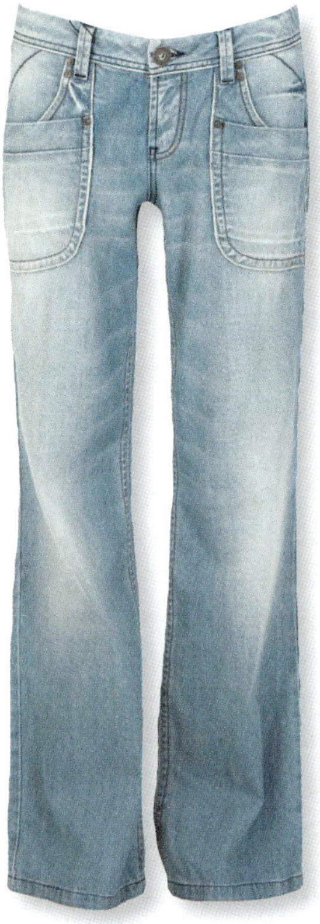

Large et délavé : le Seventies du XXIe siècle !

Côté accessoires, misez sur un joli sautoir, une belle broche et un petit sac à main façon Chanel, voire une pochette, c'est très tendance !
Pour un déjeuner dominical, vous pourrez même séduire votre belle-mère en portant avec cette tenue le collier de perles qu'elle vous a offert !

Style working girl !

Vous pouvez aussi le porter pour travailler, style working girl. Il vous donnera la touche jeune et pas trop guindée, sans mettre en jeu votre autorité naturelle ! À condition de lui associer une veste un brin cintrée pour rester féminine. Surtout pas fermée : laissez toujours le dernier bouton ouvert. Attention aussi au top. Pull en V près du corps sans être moulant ou chemisier. Vous laisserez alors les premiers boutons du chemisier ouverts jusqu'au creux des seins. Si le chemisier est mal coupé, arrangez-vous pour arriver à ce résultat en trichant avec une épingle de nourrice, mais bien sûr, sans que cela ne se voit ! Effet chic garanti si les manches du chemisier dépassent de la veste.

Comment déterminer sa taille ?

CORRESPONDANCES POUR LES JEANS DES TAILLES AMÉRICAINES ET FRANÇAISES

USA	24	25	26	27	28	29	30	31	32
France	34	34/36	36	36/38	38	38/40	40	40/42	42

LONGUEUR DES JAMBES

Longueur des jambes en cm	24	25	26
Longueur totale en cm	34	34/36	36
Longueur de l'entrejambe en cm	78/80	82/84	86/88

Quand vous achetez un jean, choisissez-le plutôt une taille en dessous : un jean se détend énormément.

Le large : confort assuré

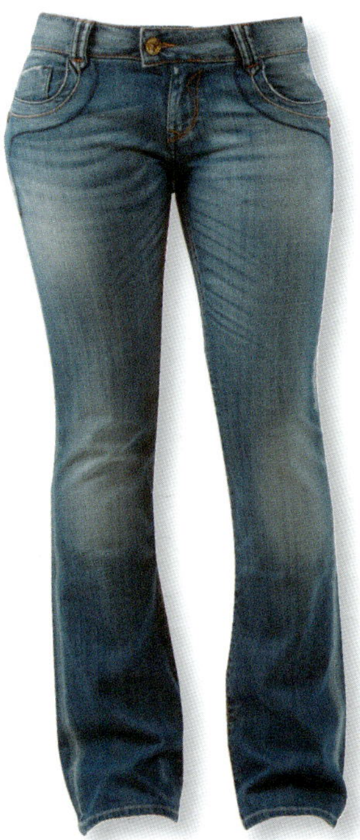

Décontracté et standard : le bootcut

Complétez votre tenue avec des escarpins ou des bottines à talons, qui conjuguent élégance et confort.

Décontracté, pour le week-end !

Le jean est évidemment la tenue idéale du week-end. Mais ce n'est pas parce qu'on ne travaille pas que l'on doit ressembler à un bûcheron canadien ! Le jean du week-end peut être confortable sans perdre toute élégance. Agrémentez-le d'une chemise blanche bien coupée en coton ou d'un pull en cachemire de couleur, et portez des ballerines ou des baskets.
Si le jean délavé est à proscrire pour sortir ou aller travailler, il est tout à fait toléré le week-end.

Principes de base

- Préférez un jean composé d'élasthanne : il est plus confortable et plus flatteur, car il s'adapte à vos formes.
- Choisissez un bleu brut, amincissant et plus chic. Le délavé donne une connotation plus « sport ».
- Portez-le le plus long possible. Et jamais d'ourlet façon pantalon (rentré), c'est ringard ! Si le jean est vraiment trop long, faites faire la retouche à la machine, ourlet surpiqué, comme sur l'original.
- Chaque saison, les créateurs imaginent de nouvelles versions de jeans. Cloutés, brodés, peints… Point trop n'en faut. Si le jean est très travaillé, jouez la sobriété pour le haut.
- Lavez vos jeans à l'envers, à 30 °C au maximum. Ne les passez jamais au sèche-linge.

Taille haute et jambes droites

Droit à taille intermédiaire

Noir, c'est noir... et tendance !

Bootcut à taille basse

Choisir ses collants

Il est toujours difficile de choisir un collant, car celui qui nous plaît n'est pas toujours celui qui mettra le mieux nos jambes en valeur. Attention donc aux collants fantaisie !

Si vous n'avez pas ces jambes-là, oubliez le collant voile chair !

Les différents types de collants

Le saviez-vous ? Il faut en moyenne 14 kilomètres de fil pour fabriquer un collant !

- Les collants bon marché sont en polyamide et peu flatteurs. Si vous les portez avec une robe ou une jupe, choisissez-les un peu plus chers. Avec un peu d'élasthanne, en microfibre, voire en soie, ils seront plus confortables et beaucoup plus seyants.
- Les principaux types de collants standards sont les collants mousse, voile ou lycra.
- Évitez le mousse. Si vous avez des jambes parfaites, vous pouvez porter un collant voile, pour une soirée par exemple. C'est sensuel ; mais attention, c'est plus classique. De plus, il file vite et il faut l'enfiler parfaitement pour qu'il ne godaille pas.

Que sont les deniers ?

- Sur chaque emballage de collants, à côté de la couleur et de la taille, figurent les deniers. Le denier correspond au poids en grammes pour 9 000 mètres de fibre. Ainsi, 40 deniers correspondent à 40 grammes pour 9 000 mètres de fibre. Donc, plus le nombre de deniers est petit, plus le collant est fin. Il existe des collants de 5 à 100 deniers.

Opaque et noir : une valeur sûre

• De façon générale, et surtout avec une minijupe, optez pour un collant opaque et de 40 deniers au minimum. Car même si vous avez de belles jambes, le duo collant fin-minijupe peut rapidement faire vulgaire, surtout si vous l'associez à des chaussures à talons.

Quel collant est le plus flatteur pour vos jambes ?

• **Le collant chair :** il est à proscrire, quelle que soit votre morphologie. Il est labellisé « mémère » !

• **Si vos jambes sont fortes :** cantonnez-vous au collant opaque noir ou foncé (bleu marine, gris anthracite, marron chocolat) et mat ou, éventuellement, au collant à petite résille.

• **Le satiné :** il est réservé aux jambes fines. De même que **les résilles, les motifs et les couleurs.** Attention tout de même à ne pas les porter n'importe comment ni avec n'importe quoi ! Les résilles donnent une touche sexy et sophistiquée, donc ne les mettez pas avec des baskets par exemple. Les motifs peuvent agrémenter un total look noir avec des chaussures plates ou compensées.

En laine ou à motifs : pour jambes fines exclusivement

Sophistiqué, avec une jupe noire

Choisir ses chaussures

Plates, hautes, compensées, à bouts ronds ou pointus, chic ou sportswear... les chaussures n'échappent pas aux diktats de la mode. Quelques conseils pour trouver le modèle adapté à vos jambes.

Des ballerines oui, mais décolletées

Pour se familiariser avec les talons

Réservées aux jambes fines

Adaptées aux mollets ronds

• **Ballerines et escarpins :** quelle que soit leur forme, les ballerines et les escarpins doivent être très décolletés et dévoiler la naissance des orteils. Au risque de faire « mémère » !

Si vous avez de grands pieds, préférez les bouts arrondis pour ne pas en rajouter. Attention aux brides, réservées aux jambes très fines. Elles coupent la cheville et font ressortir les mollets forts.

• **Boots et bottines :** si vous avez le mollet épais, portez-les avec un pantalon. Sinon, préférez les bottes hautes jusqu'aux genoux qui allongent la jambe (il existe des modèles évasés en haut pour les mollets très forts). Optez aussi pour des bouts ronds et des chaussures à talons épais. Les formes fines donnent un effet

À retenir

• Tout d'abord, n'essayez jamais des chaussures en position assise. Il faut être debout pour que les pieds trouvent vraiment leur place dans une chaussure.

• Pensez à marier vos chaussures à vos tenues. Avec un legging, bannissez l'escarpin fin à talons, réservé aux séries B américaines. Choisissez plutôt de très jolies ballerines.

En soirée pour belles gambettes !

« entonnoir » et font ressortir la lourdeur de vos jambes. Le compensé peut être assez idéal.

- **Pour une allure plus féminine :** les talons allongent la jambe et donnent de l'allure. Si vous n'en avez jamais porté, initiez-vous avec de petits talons épais ou des compensés, plus confortables qu'un talon classique. De la même façon, on marche plus aisément avec un talon de 8 cm si le devant de la chaussure comporte un petit patin, qui allège la cambrure.
- **Attention aux baskets :** gardez-les pour le jogging du dimanche. Si vous voulez être à l'aise ou décontractée, préférez des Converse. Avec un pantalon noir, un jean brut ou même un pantalon en lin, c'est sympa.
- **Pensez à vos pieds :** en été, gambadez en nu-pieds. Mais pas avant d'avoir soigné vos pieds à la pierre ponce et les avoir enduits d'une crème hydratante. Occupez-vous aussi de vos ongles. La pose d'un vernis coloré ou incolore est indispensable.

Indémodable !

Commencez par les talons carrés !

Le week-end exclusivement

Compensées = confort et fun

Jambes fortes s'abstenir

Sublimer son visage

Un grand front habillé

Il faut, à Véronica, une coiffure adaptée pour habiller son front et un maquillage pour souligner ses yeux en amande et rafraîchir son teint.

Avant

Ses atouts :

> Une peau lisse et fraîche

> Un très joli sourire

Ses moins :

> Un grand front

> Des cheveux fins

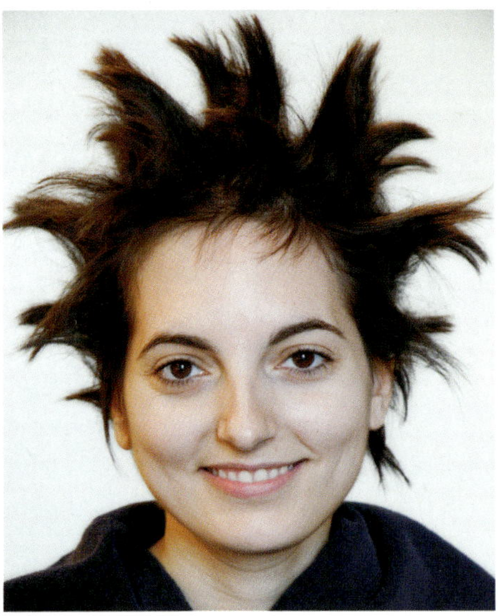

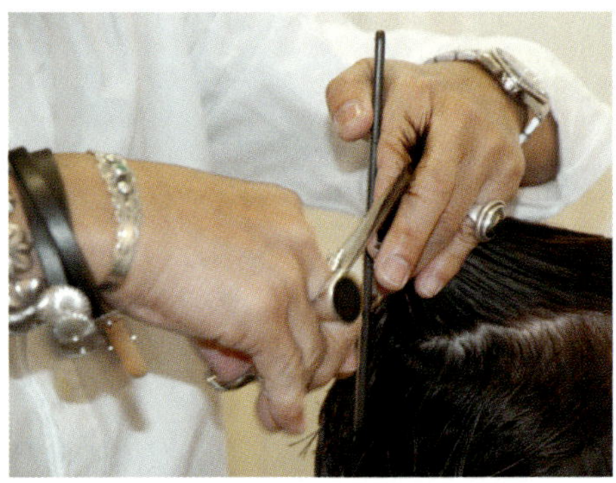

À retenir

• On crée du volume sur la nuque et on effile les pattes pour étoffer le visage et habiller le front.

Coiffure

1 Sur la base châtain, on réalise un léger balayage qui va mettre la coupe en valeur et donner encore plus de lumière au visage.

2 On sculpte quelques mèches pour habiller le front sans le cacher.

3 On crée du volume sur la nuque et on effile les pattes dans la longueur pour étoffer le visage.

Maquillage

1 Le dégradé de fards beige et taupe, intensifié au ras des cils par une touche de marron, accentue la forme des yeux en amande.

2 Un maquillage frais et léger rehausse le teint sans le charger et apporte de la lumière.

3 On creuse un peu les joues en appliquant sous la pommette un blush brun, puis du fard rosé sur le haut de la pommette.

Après

À retenir

- On étire l'œil vers l'extérieur avec des fards et on ouvre le regard avec du mascara.

Une coupe plus actuelle

Joëlle a un visage très classique qu'elle souhaite rendre plus moderne. Il faut d'abord rompre avec la coupe au carré qui plombe son visage et la vieillit.

Avant

Ses atouts :

> De jolis yeux

> Un visage souriant

Ses moins :

> Des cheveux très fins

> Des rougeurs sur le visage

Coiffure

1 On garde le blond foncé naturel des racines.

2 On coupe en gardant un peu de longueur sur la nuque et quelques mèches autour du visage et sur le front pour adoucir et féminiser.

3 On procède à un balayage blond plus clair à la Sharon Stone. On pose le produit sur cheveux secs pour plus d'efficacité.

À retenir

• Joëlle a un épi sur le front. Au lieu d'essayer de le casser, on joue avec son mouvement.

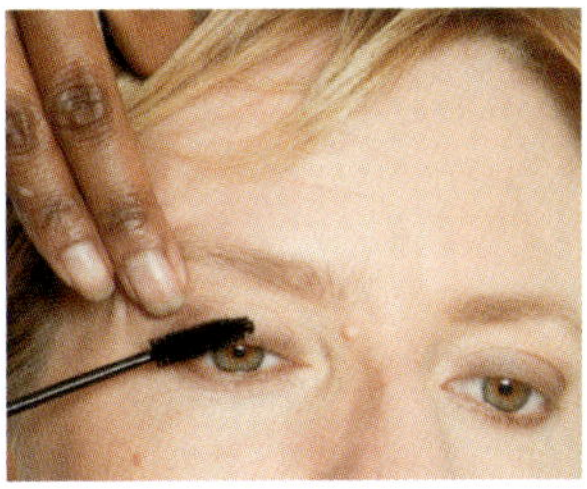

À retenir

- Pour gommer les rougeurs, on applique un fond de teint et un correcteur beige.

Après

Maquillage

1 Pour donner de la profondeur au regard, on maquille les sourcils avec un crayon de la même couleur que la racine des cheveux.

2 Pour rétrécir l'œil, plus grand vers l'intérieur, on pose un trait de crayon couleur taupe en bas à l'intérieur de l'œil, tandis qu'une touche de fard irisé au creux de l'œil apporte de la lumière. Comme les cils sont clairs, il faut du mascara pour les colorer et les épaissir.

3 Sur la bouche, bien dessinée, un gloss rose et une pointe de violine.

Effet bonne mine

Les mèches de Noura la vieillissent considérablement et la couleur ne lui va pas au teint, un peu jaune. Le volume de ses cheveux étouffe son visage plutôt petit.

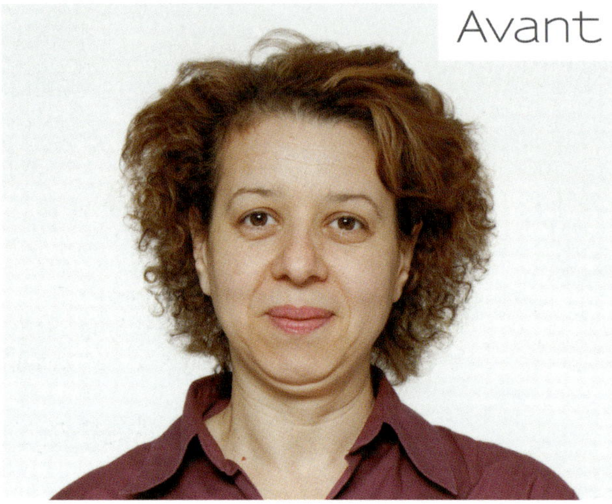
Avant

Ses atouts :

> Un joli regard

> Une bouche pulpeuse

Ses moins :

> Un petit double menton

> Des yeux fatigués

Coiffure

1 On dégage le visage pour l'illuminer tout en gardant du volume sur la nuque afin d'équilibrer celui du menton.

2 On choisit une couleur blonde qui met la coupe en relief, éclaircit et illumine le teint.

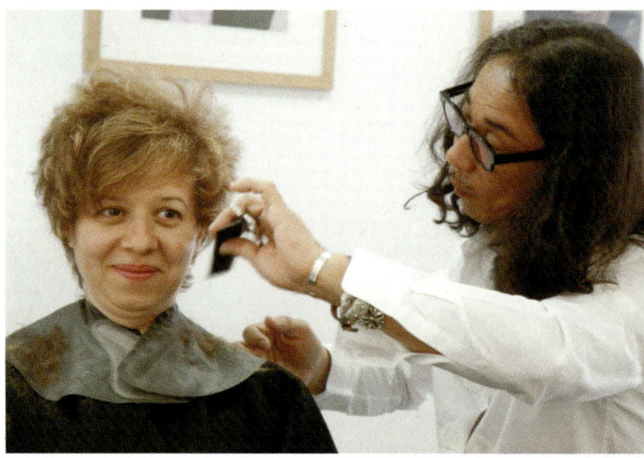

À retenir

• La coupe s'adapte à la frisure naturelle. On peut néanmoins lisser la mèche pour la styliser.

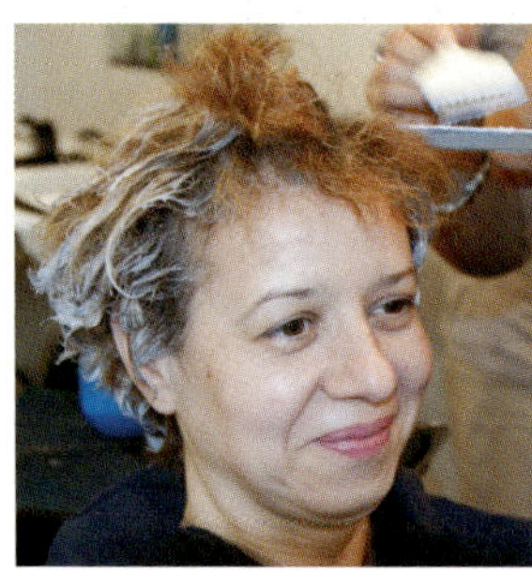

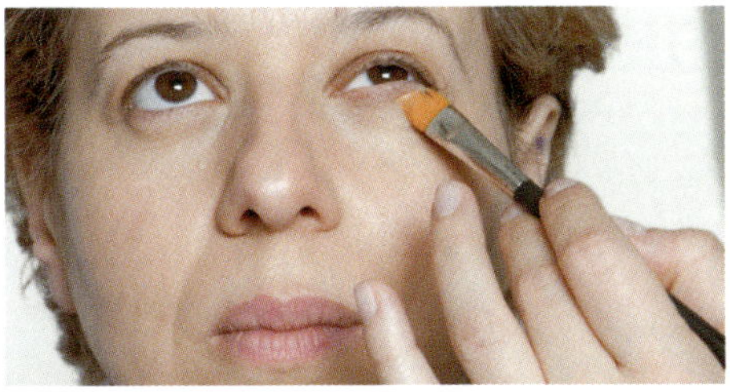

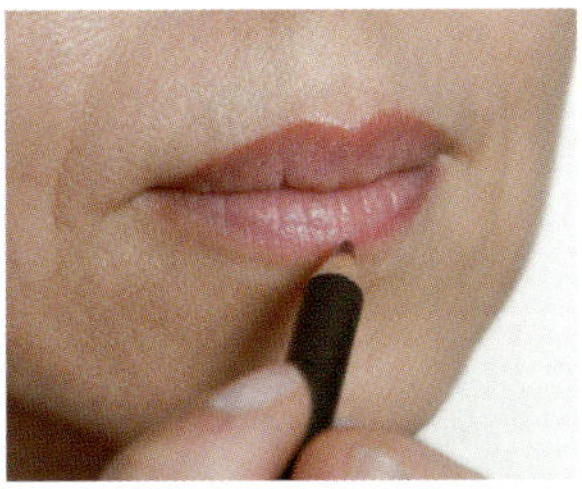

À retenir

• De la poudre plus foncée sous le menton estompe le double menton.

Après

Maquillage

1 Un léger anti-cernes beige gomme les cernes et redonne de la lumière au regard.

2 On pose sur la paupière mobile un fard pêche orangé, et au coin externe de la paupière, une touche de prune. Sous le sourcil, un peu de fard ivoire accroche la lumière et un trait de prune au ras des cils approfondit le regard.

3 La bouche est redessinée avec un crayon bois de rose, puis soulignée par un rouge transparent de la même couleur.

Une belle peau dorée

Le joli visage un peu gamine de Nathalie cache de véritables atouts qui ne demandent qu'à être mis en valeur : une belle peau dorée, des yeux superbes...

Avant

Ses atouts :

> Une peau dorée magnifique

> Des yeux en amande

> Une bouche pulpeuse

Ses moins :

> Des sourcils plutôt indisciplinés

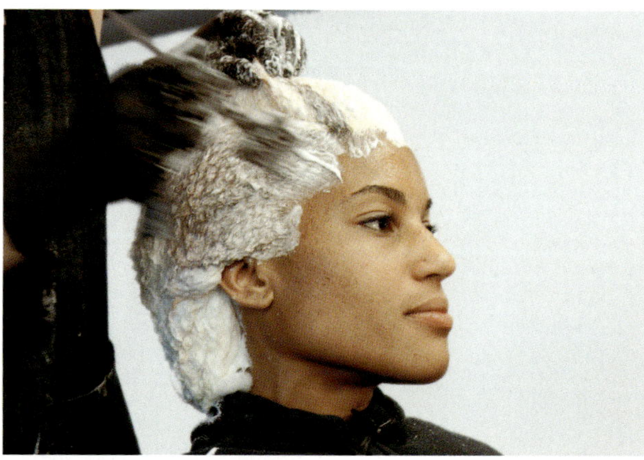

À retenir

• Quand on a son type de cheveux, il ne faut pas hésiter à aller chez un très bon coiffeur pour ne pas avoir de mauvaises surprises.

Coiffure

1 On décolore pour un blond platine années 1970, qui va parfaitement se marier avec la peau dorée.

2 On coupe en boule « afro » toujours pour la jouer disco.

3 On sèche avec un diffuseur pour ne pas casser la frisure.

Maquillage

1 On donne le côté disco avec une ombre à paupière noir violine, et à l'intérieur de la paupière, une touche de rouge, idéale sur les peaux métisses.

2 On intensifie le regard avec un trait de fard à paupière noir au ras des cils et à l'intérieur de l'œil.

3 Un soupçon de blush orangé donne de la lumière et aussi de la fraîcheur au teint.

À retenir

• Quand on décide de travailler le regard, on oublie un peu la bouche, et vice versa.

Après

Encore plus de peps...!

Sa coiffure n'a pas d'allure. Pourtant, Linda est jolie, gaie et dynamique. Des atouts qu'il faut révéler à travers une coupe adaptée et un léger maquillage.

Avant

Ses atouts :

> Un visage frais

> Un très joli sourire

Ses moins :

> Une coupe pas adaptée à la nature des cheveux

Coiffure

1 Lorsque l'on a un très beau visage, il faut le dégager. La tête est plutôt petite : on l'habille en créant une mèche sur le front et en ajoutant du volume sur la nuque.

2 On garde la couleur naturelle et on pose un assouplissant sur la chevelure pour éviter l'effet masse et pouvoir travailler le cheveu.

À retenir

• Une bonne coupe doit s'adapter à la nature des cheveux. Cette coupe peut se porter lissée ou ondulée.

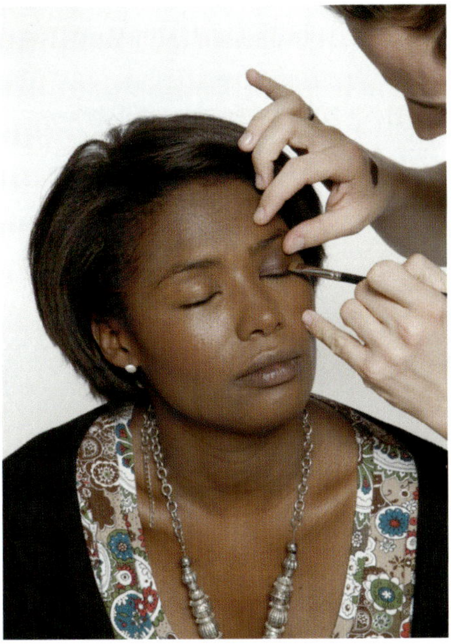

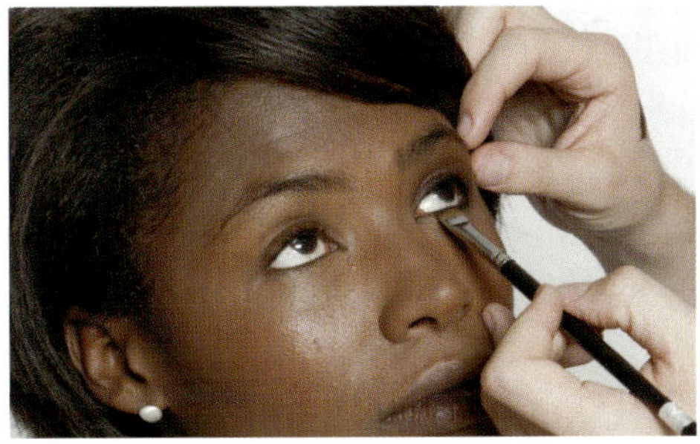

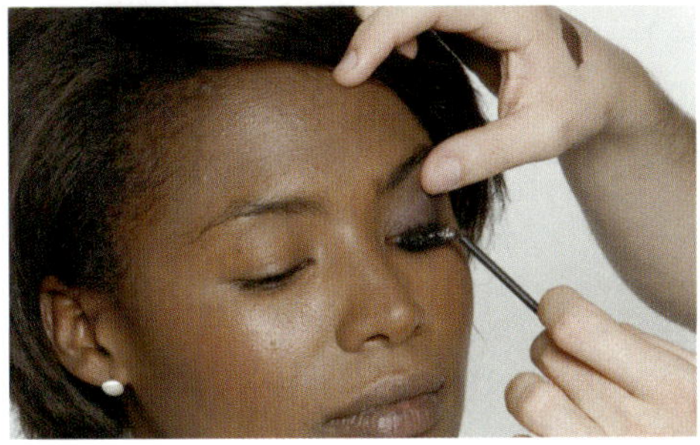

Après

À retenir

• Si vous avez peu de temps, travaillez votre teint plutôt que vos yeux.

Maquillage

1 Après un fond de teint léger et une poudre matifiante, on pose un peu de blush cuivré sur les pommettes.

2 Focus sur les yeux avec un fard crème chocolat foncé sur toute la paupière. On travaille un fard noir au pinceau qu'on estompe vers l'extérieur de l'œil pour l'agrandir et le remonter.

3 Une touche de gloss marron glacé pour les lèvres pulpeuses.

De la fraîcheur et de la classe

Les cheveux courts vont bien à Darinka, mais le volume est mal réparti autour du visage. La coupe et le maquillage doivent lui apporter une nouvelle fraîcheur.

Avant

Ses atouts :

> Un visage dynamique

> De beaux yeux

Ses moins :

> Un visage marqué

> Un nez un peu fort

À retenir

• Pour équilibrer le profil, il faut toujours structurer la nuque en fonction de la forme du visage.

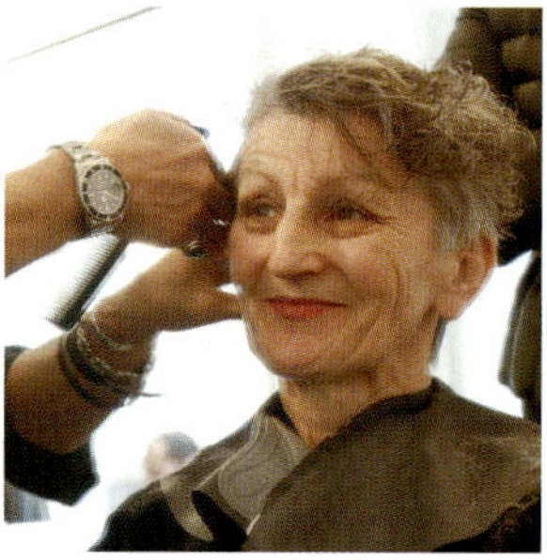

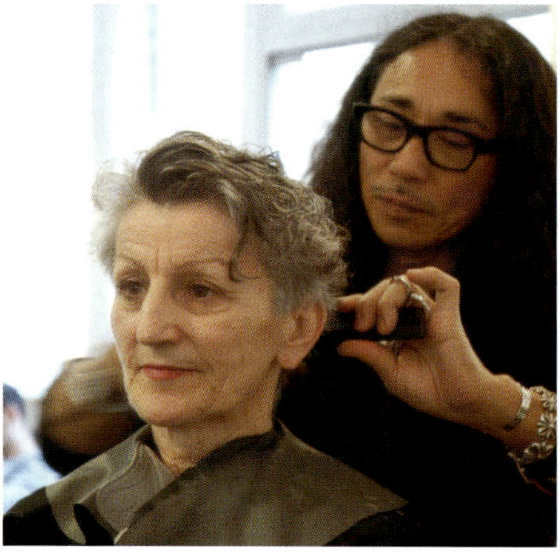

Coiffure

1 On désépaissit la nuque tout en gardant du volume pour équilibrer le profil.

2 On effile les cheveux autour du visage pour créer de petites mèches qui apportent de la douceur et de la féminité.

3 On applique un « rinçage » qui illumine et sophistique le gris naturel des cheveux.

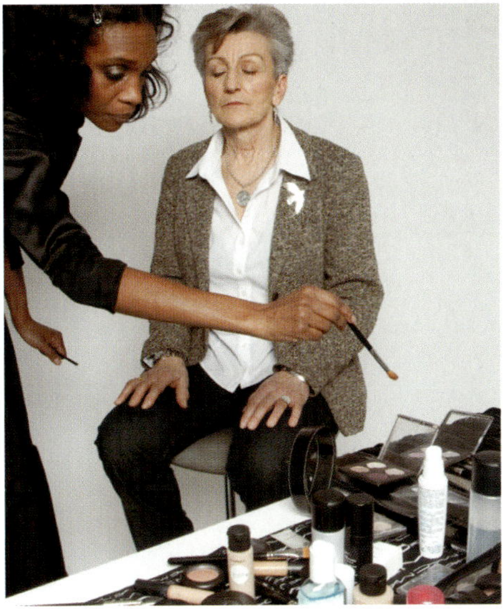

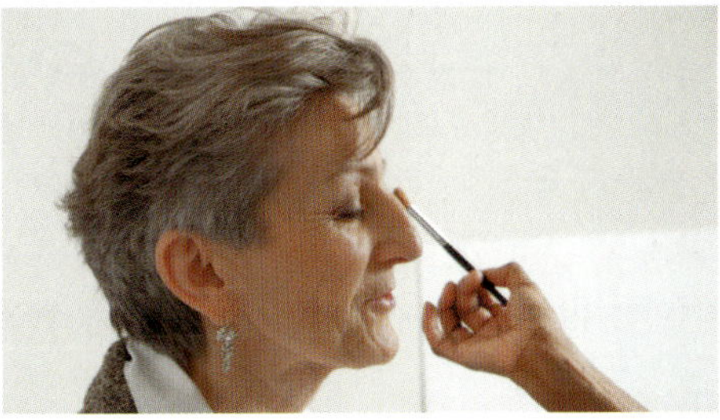

Maquillage

1 On pose un anti-cernes hydratant à base de caféine pour regonfler la peau. Des fards rosés apportent de la lumière.

2 Pour les paupières, un duo de fards mats prune et rosé. On dessine le contour de l'œil en appliquant un beige clair et une pointe de taupe, mats également, en ras de cils inférieurs et à l'extérieur.

3 Les lèvres sont repulpées par un léger gloss rosé très frais.

À retenir

- Un maquillage trop fort fait ressortir les rides. Mieux vaut en choisir un léger qui rafraîchit le teint.

Après

Une chevelure de feu

Mélanie se cherche. Ses tenues sont banales. Même chose pour ses cheveux qui sont beaux, mais qu'elle n'a jamais essayé de structurer. Cela lui donnerait pourtant du caractère.

Ses atouts :

> Une peau fraîche

> De jolis yeux

> De beaux cheveux

Ses moins :

> Des sourcils trop épilés

> Une mâchoire un peu forte

Coiffure

1 Les cheveux trop longs plombent le visage. On raccourcit juste au-dessous des maxillaires pour ne pas les faire ressortir et pour dégager le cou fin.

2 Côté couleur, on garde la base. On éclaircit juste les pointes de quelques mèches en suivant le mouvement de la coupe. Une coulée de pigments ravive et apporte une touche de blond vénitien sur l'ensemble de la chevelure.

À retenir

- Attention aux cheveux épais qui donnent des coupes courtes très volumineuses.

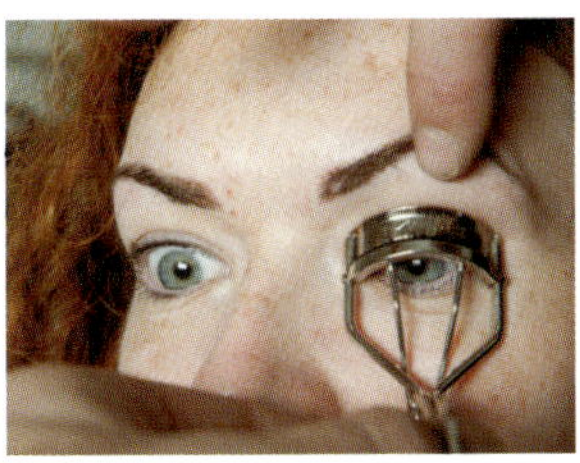

Après

Maquillage

1 Après un fond de teint léger à base d'eau pour donner de l'éclat à la peau sans la surcharger, on pose, sur le contour des yeux, les ailes du nez et le menton, un correcteur un demi-ton plus clair que la carnation.

2 On recouvre toute la paupière d'un fard brun roux orangé qui fait ressortir les yeux bleus. On pose ensuite un fard bronze chocolat en l'étirant vers le coin externe de l'œil pour mettre en avant le regard.

3 Pour agrandir l'œil, on travaille les cils en les préparant avec un recourbe-cils avant de poser un mascara noir super allongeant sur les cils supérieurs et inférieurs.

À retenir

- Une touche de poudre minérale un peu plus foncée sous la mâchoire l'estompe.
- Toujours appliquer le recourbe-cils avant de mettre le mascara.
- Les fards orangés font ressortir les yeux bleus.

Davantage de personnalité

Cécile a des cheveux très fins qui, en l'absence de coupe, ont un aspect négligé. Un léger maquillage donnerait du peps et de la personnalité à cette jolie blonde !

Ses atouts :

> Un joli port de tête

> Un petit visage mutin

Ses moins :

> Un nez et un menton un peu pointus

> Une couleur de cheveux trop indéfinie

> Une peau marquée par de l'acné

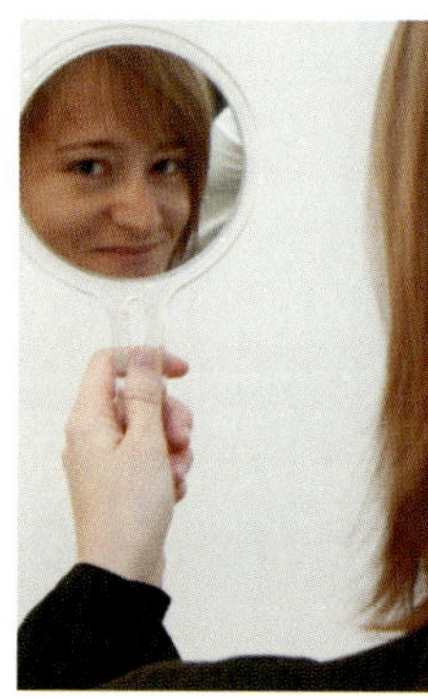

À retenir

- Une coupe dégradée redonne de la vigueur à des cheveux fins.
- Quelques mèches sur des cheveux blonds apportent du contraste et cassent toute éventuelle fadeur.

Coiffure

1 On raccourcit la nuque, mais sans la dégager complètement pour ne pas trop allonger le cou. On garde des mèches plus longues devant pour plus de féminité et pour étoffer le petit visage.

2 Pour dynamiser le visage, on habille le front avec des mèches floues et on crée un peu de volume sur les côtés en dégradant.

3 On égaie avec des mèches plus blondes. Cela casse l'effet uniforme et met la coupe en valeur.

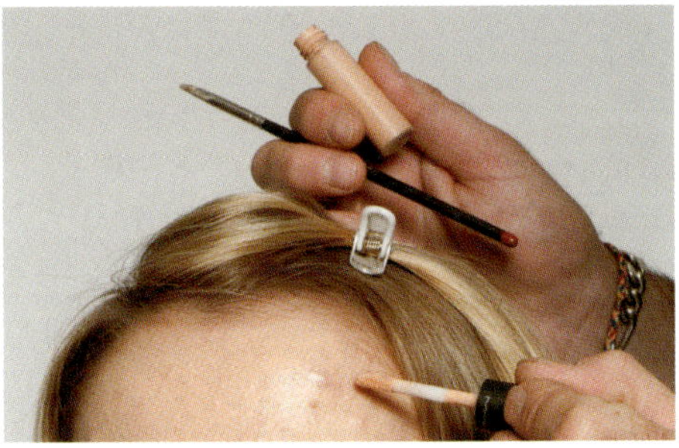

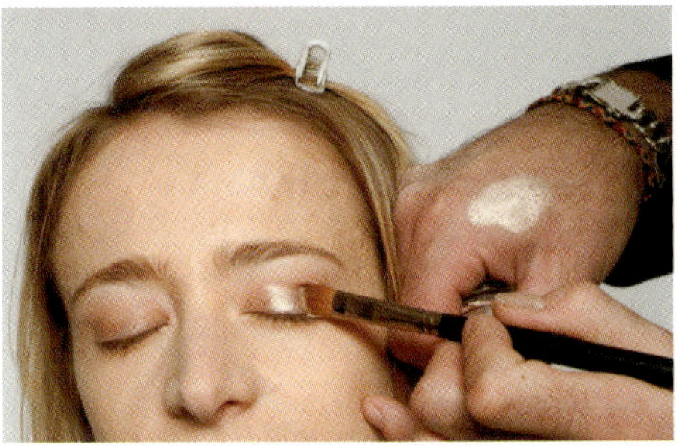

Maquillage

1 Après la crème hydratante et matifiante, on dépose l'anti-cernes au pinceau, pour ne pas assécher le contour de l'œil. Pour masquer les boutons, on utilise un pinceau très fin qui permet de déposer finement le correcteur sur le bouton. Le correcteur est ensuite estompé avec le doigt pour se fondre avec le fond de teint. Puis on applique une poudre légère et matifiante.

2 On recouvre toute la paupière d'une ombre beige dorée, puis un trait de fard brun chocolat en ras de cils.

3 On finit par une touche de gloss orangé après avoir hydraté les lèvres.

Après

Plus féminine...

Ouarda a un joli visage et de beaux cheveux. Sans apprêts, c'est une jolie jeune fille, mais elle se voudrait plus femme. Une coupe, un peu de maquillage, et le tour est joué !

Avant

Ses atouts :

> De magnifiques cheveux bruns

> De belles dents

Ses moins :

> Un teint un peu plombé par la masse de cheveux sans forme

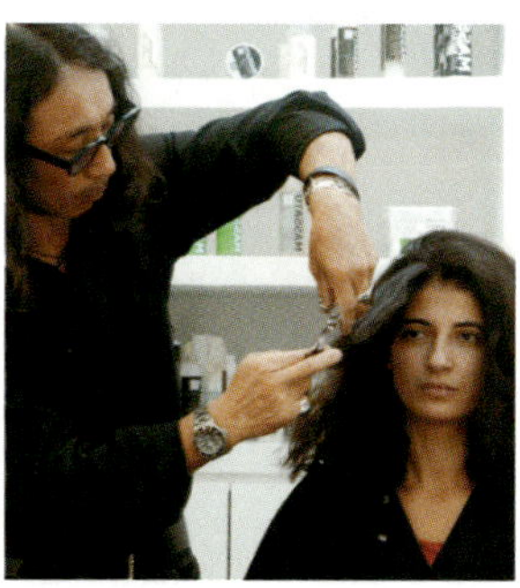

À retenir

- Les cheveux bouclés appellent des coupes sur cheveux secs.
- Pas de couleur ni de balayage sur une belle chevelure brune.

Coiffure

1 On coupe 15 cm au-dessous des épaules. On dégrade et on remonte vers l'arrière pour donner une forme.

2 Une touche de chocolat évitera l'effet masse tout en gardant un côté naturel, comme si les cheveux avaient éclairci au soleil.

3 La coupe est faite sur cheveux secs pour respecter la courbe des boucles. De même, on sèche au diffuseur.

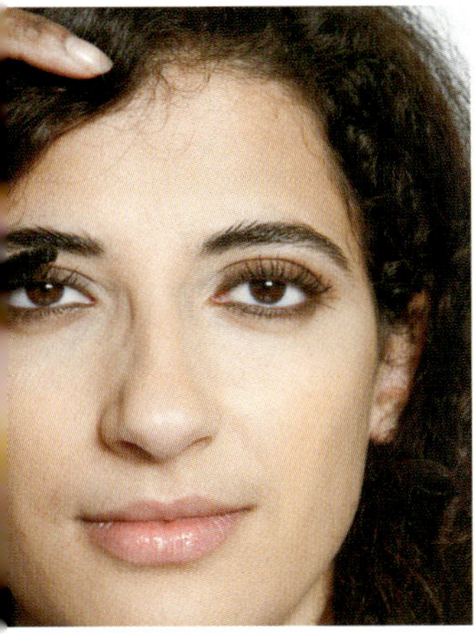

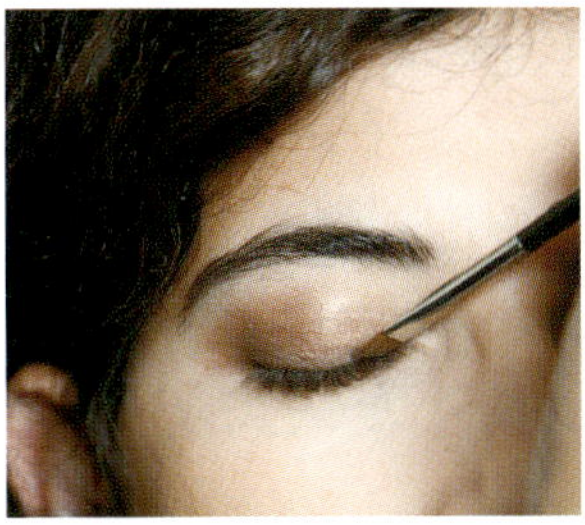

À retenir

• Lorsque l'on a des sourcils bien dessinés, on n'y touche pas ! On les discipline avec un fixateur qui évite les épis.

Après

Maquillage

1 Les yeux de Ouarda sont « en amande inversée ». Pour les faire ressortir, on joue sur des fards brun-rouge et brun chocolat, que l'on souligne d'un trait de khôl mordoré.

2 Pour creuser les joues, on applique sur les pommettes une touche d'anti-cernes plus foncé que le fond de teint. Puis on recouvre d'un soupçon de blush bois de rose.

3 Les lèvres ont une belle couleur naturelle. On pose juste une touche de gloss.

Du glamour mis au jour

Sandra a un très joli visage qui ne manque pas de piquant. L'absence de coupe le plombe un peu. Et un peu de fards mettrait en valeur ses yeux de chat et sa bouche en cœur.

Ses atouts :

> Un beau visage souriant et tout en relief

> Une belle peau

Ses moins :

> Des cheveux mal traités

Coiffure

1 On garde la longueur, mais en dégradant, mèche par mèche, pour éviter l'effet « trop plat ». On crée une raie sur le côté, idéale pour les dégradés.

2 On dégrade des mèches vers l'avant du visage pour plus de glamour et de féminité.

3 On applique la couleur après la coupe pour bien la mettre en relief. On fonce quelques mèches et on en éclaircit d'autres, pour un effet contrasté mais naturel.

À retenir

• La raie au milieu demande une parfaite symétrie. Le dégradé rend mieux avec une raie sur le côté.

Maquillage

1 Après un fond de teint léger et une poudre fine matifiante, on applique des poudres beiges et orangées, et une touche ivoire au-dessus des pommettes et sur l'arcade.

2 On éclaircit l'intérieur de l'œil avec un crayon beige et on apporte de la lumière avec un peu de bronze. Une touche de violet au coin extérieur accentue le relief et étire le regard. On souligne le contour de l'œil en posant un fard prune au ras des cils en haut et en bas.

3 On dessine les lèvres au crayon que l'on estompe. Puis on applique un rouge à lèvres irisé transparent cerise.

Après

Un teint lumineux

Soleil, brushing et manque de soins ont eu raison des beaux cheveux d'Amel. Même chose pour le teint terni par un maquillage peu approprié. Rien de grave cependant !

Ses atouts :

> Des yeux magnifiques

> Une bouche pulpeuse

Ses moins :

> De petits boutons

> Un maquillage qui alourdit son regard

À retenir

• On travaille la coupe sur cheveux secs, car les cheveux bouclés remontent en séchant, créant parfois de mauvaises surprises.

Coiffure

1 On ne dégage pas trop le visage qui a besoin d'être habillé et on crée une mèche pour plus de féminité. Le carré est un peu dégradé au niveau des maxillaires pour dégager le cou.

2 La couleur est trop foncée et trop uniforme. On met donc la chevelure et la coupe en relief en éclaircissant l'ensemble des cheveux, et plus particulièrement quelques pointes.
Une coulée de pigments apporte reflets et brillance.

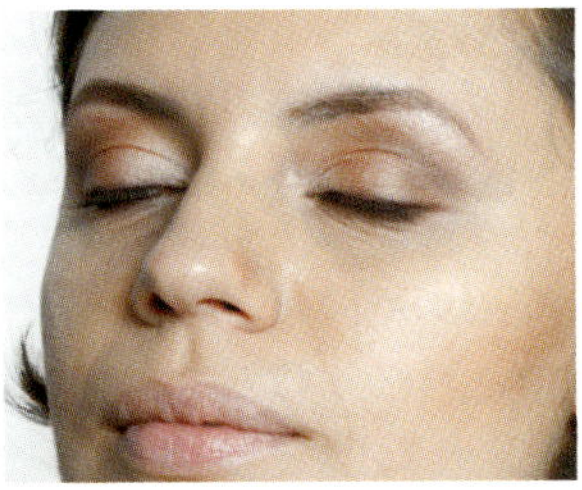

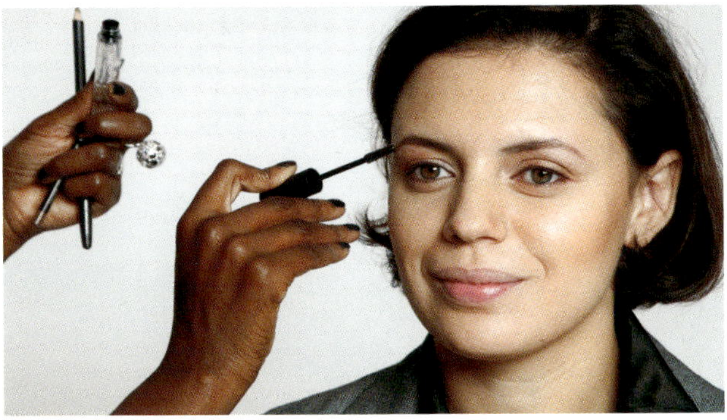

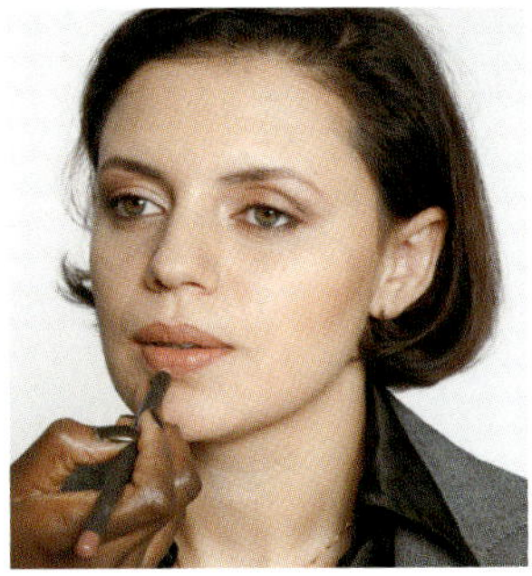

Après

À retenir

- Un fond de teint doit respecter la carnation. Trop foncé, il vieillit.

Maquillage

1 Avec un fond de teint beige doré, on masque les petits boutons. On matifie avec une poudre teint. On pose le blush sous les pommettes pour les mettre en valeur.

2 Après une base claire nacrée posée sur toute la paupière, on joue avec une palette de fards taupe, or et parme. Une touche de fard clair à l'intérieur de la paupière et au ras de l'arcade sourcilière illumine le regard.

3 Une pointe de gloss rosé sur les lèvres suffit.

Une blonde de caractère

La coupe donne une image trop sage de Virginie qui ne correspond pas à son véritable tempérament. Si on trouvait quelque chose d'un peu plus branché?

Avant

Ses atouts :

> Un visage juste ce qu'il faut d'anguleux

> Un teint frais avec de jolies taches de rousseur

Ses moins :

> Des cheveux trop jaunes

> Une image un peu fade

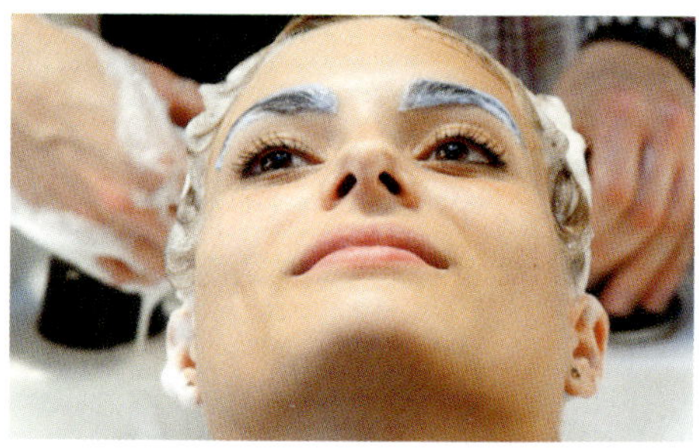

Coiffure

1 Les cheveux trop longs et trop effilés affadissent le visage. On raccourcit en ramenant des mèches vers l'avant pour l'étoffer et mettre en valeur les pommettes et les yeux. On arrondit l'arrière de la tête pour équilibrer le profil et adoucir la mâchoire.

2 On revient à un vrai blond en appliquant une couleur plus claire sur la pointe des mèches. On recouvre la chevelure d'un pigment qui la patine pour un effet naturel et personnalisé.

À retenir

- Les blonds sont une affaire délicate. Choisissez une nuance qui convienne à votre carnation.

Maquillage

1 Sur une peau fraîche et jeune, on utilise un fond de teint et un anti-cernes très légers. On fixe avec une poudre minérale pour un fini satiné.

2 Pour un regard de velours, on travaille en charbonneux léger en posant sur la paupière une base crème lumineuse. Puis, avec un crayon cuivré à la racine du cil, on agrandit l'œil vers l'extérieur. Le crayon est ensuite fondu avec un fard taupe.

À retenir

- Attention de ne pas couvrir les taches de rousseur, au risque de vieillir le visage et de brouiller le teint.

Après

Un visage adouci

Le carré sous les maxillaires banalise Carole et la vieillit. Les mèches plombent le teint. Une coupe plus courte et un brin de maquillage pour rafraîchir son teint s'imposent.

Ses atouts :

> De jolis yeux en amande

> Un visage volontaire et plein de caractère

Ses moins :

> Un menton un peu fort

> Une bouche fine

> Des paupières un peu tombantes

À retenir

• Un balayage doit toujours être personnalisé, car il doit tenir compte des épis, ainsi que de la coupe.

Coiffure

1 On garde de la longueur pour ne pas masculiniser, mais en dégradant et en encadrant le visage pour plus de douceur et de féminité. On allège le volume au niveau des maxillaires.

2 Les mèches vieillissent. On les supprime et on reprend la couleur à la racine en éclaircissant les pointes, mais « en fondu » pour un effet naturel. On éclaircit les mèches autour du visage pour apporter de la lumière.

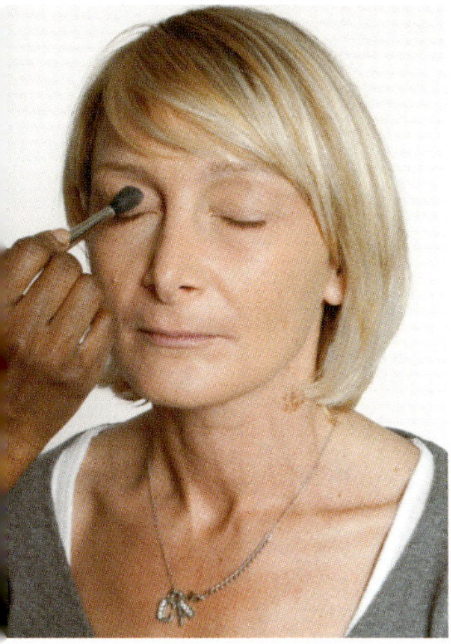

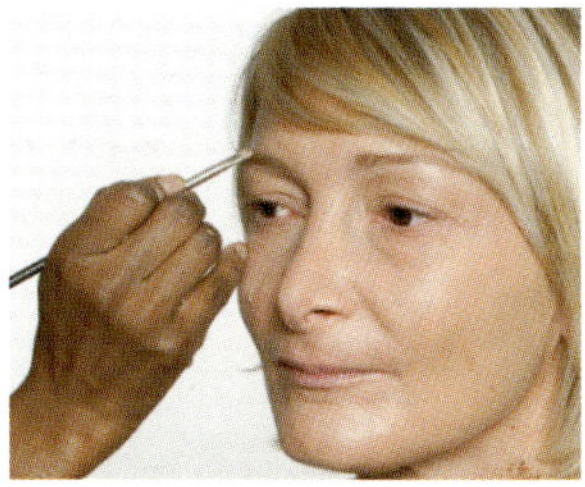

À retenir

• En cas de rougeurs, il faut éviter tout fond de teint ou fard rosé qui les accentuerait.

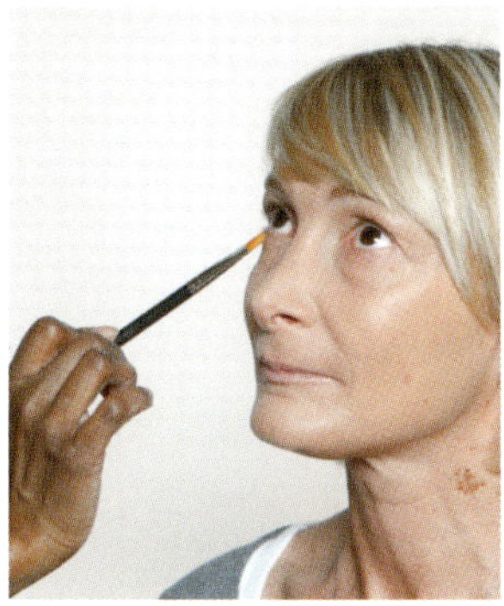

Maquillage

1 On atténue les petites rougeurs avec un fond de teint léger beige. Puis on unifie avec une poudre correctrice. On étoffe les joues en appliquant une touche de blush pêche.

2 On agrandit le regard en éclaircissant le coin interne de la paupière mobile avec une touche de fard beige clair. Puis on pose un trait de crayon clair à l'intérieur de l'œil. On souligne ensuite l'extérieur en haut avec un fard noir-brun, et en bas, avec un fard brun noisette. On allonge les cils avec un mascara très noir.

3 On redessine les sourcils avec une poudre brun clair appliquée au pinceau.

4 On repulpe la bouche avec un gloss violine très lumineux.

Après

Une chevelure magnifiée

Les cheveux de Laurenne ont une belle couleur naturelle, mais ils sont un peu ternes et les pointes sont trop foncées par rapport aux racines.

Avant

Ses atouts :

> De beaux yeux bleu-gris

> Un long cou

Ses moins :

> Des cheveux un peu ternes

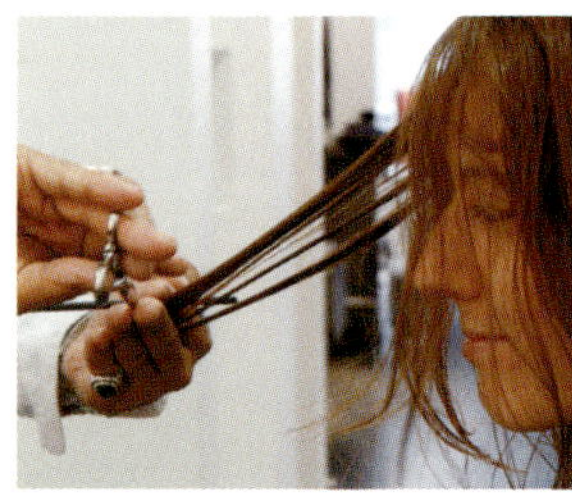

Coiffure

1 Pas de changement radical. Juste un dégradé pour créer une belle forme, du volume et du mouvement.

2 On repigmente des mèches pour illuminer la chevelure. Pour éviter un effet « masse », on dépose la couleur en crêpant les cheveux. Le résultat est ainsi plus naturel.

3 Pour un bon coiffage, on applique une lotion avant le séchage qui optimise le mouvement et la souplesse.

À retenir

• Appliquer la couleur en crêpant les mèches permet un rendu plus naturel.

Maquillage

1 On hydrate le visage et les cernes avant de déposer un fond de teint très léger à base d'eau beige rosé et un anti-cernes rosé.

2 On recouvre la paupière mobile d'un fard beige orangé pour faire ressortir le bleu des yeux, puis un brun chaud à l'extérieur de la paupière et une touche de beige orangé très clair à l'intérieur pour apporter de la lumière.

À retenir

- Pour accrocher la lumière, on peut marier un blush beige naturel et une poudre un brin irisée.

Après

Un regard mis en valeur

Hang a un très joli port de tête, malheureusement masqué par des cheveux trop longs. De plus, ce sont ses copines qui ont réalisé sa coupe : on peut faire mieux !

Avant

Ses atouts :

> Une frimousse adorable

> Un joli cou

Ses moins :

> Des cheveux trop longs

> Une coupe qui n'en est pas une

Coiffure

1 Les cheveux asiatiques très raides sont souvent associés à un crâne plat. Il faut en tenir compte et rééquilibrer en créant du volume au-dessus de la tête.

2 On évite le carré qui aurait un rendu trop « petite fille ». On préfère un dégradé vers l'avant, plus dynamique.

3 La couleur, presque rouge sur les pointes, ne va pas. On réalise un léger balayage pour structurer la coupe.

À retenir

• Ne pas se faire couper les cheveux par ses copines ! Surtout si l'on a des cheveux raides.

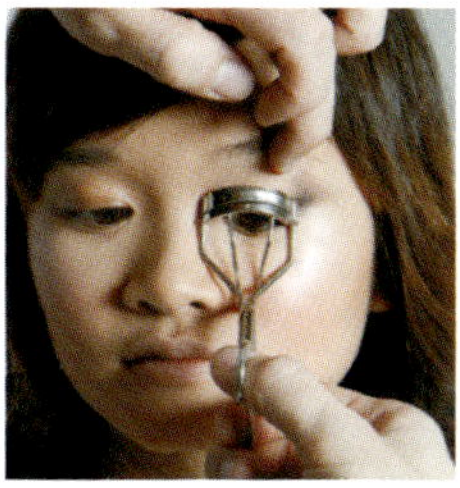

Maquillage

1 Le visage est plat. On le met en relief avec un blush fuchsia sur les pommettes. On pose une touche de fond de teint plus foncé sur les ailes du nez pour l'affiner et une plus claire sur l'arête du nez.

2 On travaille la paupière mobile avec des textures irisées, satinées, crémeuses qui illuminent. Un fard brun au ras des cils inférieurs agrandit l'œil par le bas. On pose des faux-cils à l'extrémité de l'œil puis du mascara après avoir utilisé le recourbe-cils.

À retenir

- Jamais d'eye-liner sur une paupière asiatique. Cela tasse l'œil !

Après

Une coupe dynamique

Les cheveux de Delphine masquent son joli cou. Leur couleur est beaucoup trop classique pour cette jolie blonde. Il faut redonner du dynamisme et du caractère à ce visage.

Avant

Ses atouts :

> Des yeux magnifiques

> Un port de tête très gracieux

Ses moins :

> Une coupe et une couleur inappropriées

À retenir

• Pour donner du caractère aux blonds classiques, il faut une coupe un peu sophistiquée, voire travailler la couleur.

Coiffure

1 On préserve l'arrondi de la nuque, mais on allège le volume dans le cou et on dégrade ce carré plongeant.

2 On encadre le visage de mèches à hauteur des maxillaires pour ne pas faire ressortir les joues.

3 On garde la base blonde, mais avec des mèches plus claires pour un coup de jeune. On coiffe naturellement pour un froissé-ondulé.

À retenir

- Le maquillage tient mieux sur une peau bien hydratée. Pensez aussi à hydrater les lèvres !

Après

Maquillage

1 Ici, un fond de teint très léger suffit.

2 On travaille sur la paupière un dégradé de fards satinés gris. On accentue la couleur vers l'extérieur (en bas et en haut) pour agrandir l'œil.

3 On redessine la bouche avec un crayon contour beige rosé. On estompe jusqu'à l'intérieur des lèvres avant de poser une touche de gloss qui apporte de la lumière.

Des paupières redessinées

Une coupe courte peut être très féminine si elle est adaptée au visage. À condition aussi que Clémentine s'autorise un peu de maquillage pour illuminer son visage.

Avant

Ses atouts :

> Un sourire permanent

> Un visage gai, ouvert et solaire

Ses moins :

> Un bas du visage un peu fort qui attire l'attention, au détriment du regard

À retenir

- Quelques mèches autour du visage féminisent les coupes courtes et adoucissent les traits.

Coiffure

1 On travaille quelques mèches dans un brun un peu auburn pour illuminer le teint et éviter l'effet casque.

2 On garde la longue mèche asymétrique qui habille le front.

3 On entoure le visage de mèches afin d'adoucir la mâchoire et le menton.

Maquillage

1 Beaucoup d'Asiatiques ont une paupière mobile peu visible. On la recrée en appliquant un fard clair sur la paupière mobile et un fard un peu plus foncé sur le pli, en lisière de l'arcade sourcilière.

2 Pour alléger la mâchoire, on fait ressortir les pommettes avec un blush fruité.

3 Pour la bouche, une touche de gloss fruité.

À retenir

- Lorsque le bas du visage est très présent, on travaille les yeux et les pommettes pour le rééquilibrer.

Après

Un style moderne et jeune

Fabienne a un visage plein de caractère, un peu gommé par le côté classique et BCBG du carré. Il faut casser ce côté « trop dame » pour dévoiler le vrai visage de la dame.

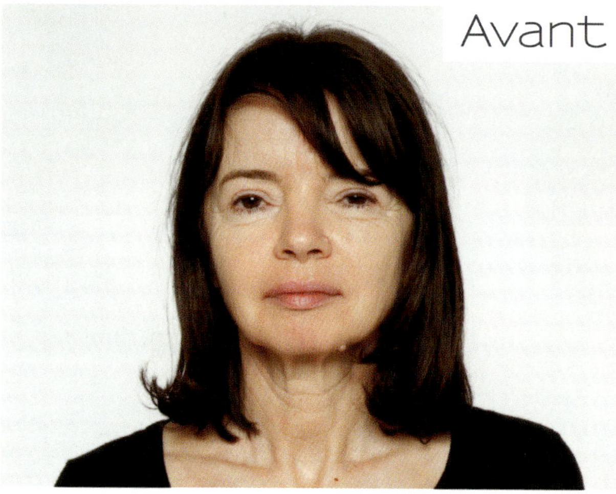

Avant

Ses atouts :

> Un regard profond

> Des traits réguliers

Ses moins :

> Une peau un peu marquée

> Des cheveux ternes

Coiffure

1 Le carré tombant et un peu raide ne reflète pas la personnalité de Fabienne. On coupe, mais pas trop court pour ne pas masculiniser.

2 On crée du volume autour du visage pour l'étoffer. On garde la frange pour un profil équilibré.

3 On applique un soin colorant ton sur ton qui apporte de la brillance aux cheveux fins et un peu ternes.

À retenir

• Une coupe moins stricte ne signifie pas « moins élégante ». Fabienne en est la preuve !

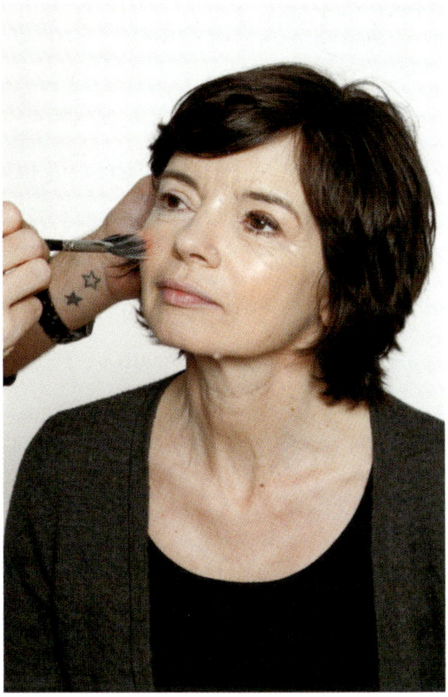

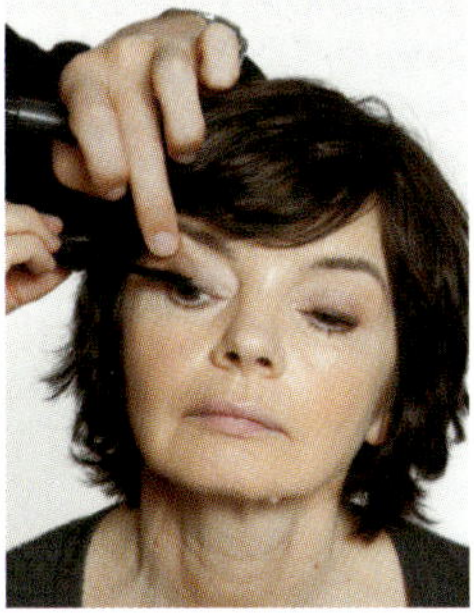

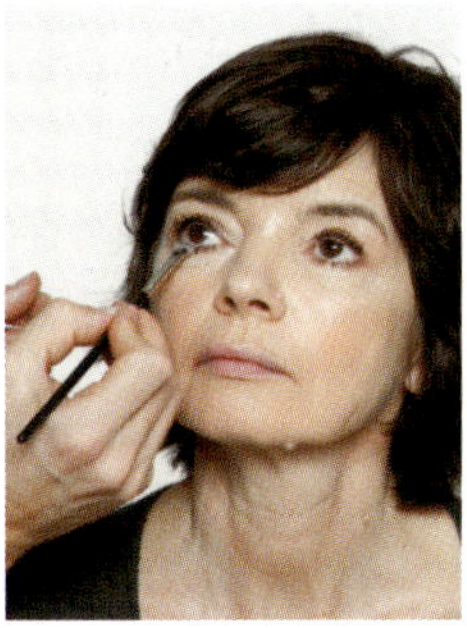

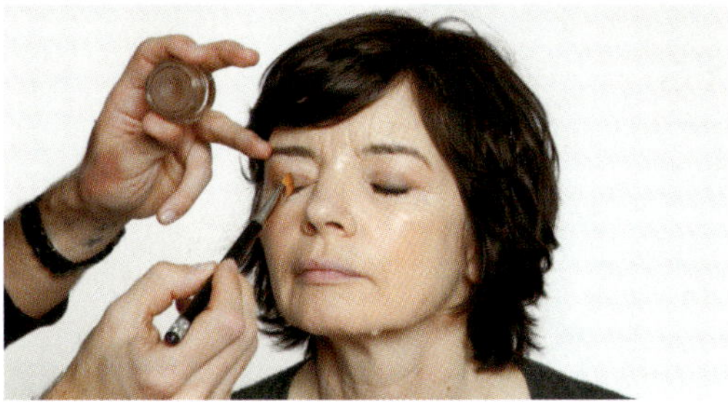

Après

Maquillage

1 On applique une crème à base de silicone pour unifier les pores et le grain de peau. Au fond de teint, on préfère une crème hydratante teintée qui ne marque pas les rides.

2 On utilise des tons chauds, corail, orangé, pour éviter le côté « trop maquillé ». On matifie avec une poudre sans talc.

3 On couvre la paupière mobile d'un fard marron chaud. On intensifie le regard en le soulignant d'un trait de crayon marron irisé. On redessine les lèvres avec un crayon marron prune avant d'appliquer un transparent rosé prune très lumineux.

Effet sophistiqué

Jennifer a de jolis atouts qu'elle ne met pas en avant. Une bonne coupe révèlerait la vraie nature de ses cheveux et un peu de maquillage mettrait en valeur ses beaux yeux.

Avant

Ses atouts :

> Des cheveux bouclés

> De beaux yeux clairs

Ses moins :

> Une couleur terne qui plombe le teint

> Un haut de cou un peu dodu

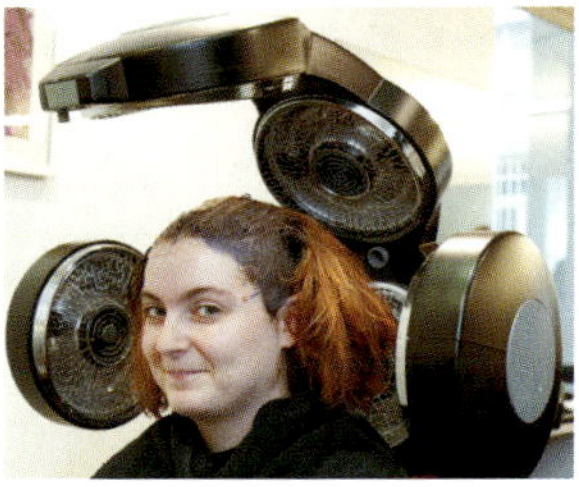

Coiffure

1 On recrée du volume en haut pour équilibrer le visage.

2 On opte pour un carré à un niveau qui dégage les épaules et qui met en valeur les boucles naturelles.

3 On retire la couleur qui a tourné, notamment sur les pointes, avec un éclaircissant doux. Puis on applique un beau « roux » en éclaircissant quelques pointes pour un effet naturel.

À retenir

• Les coupes doivent tenir compte de la nature des cheveux pour ne pas leur faire subir brushings, lissages…

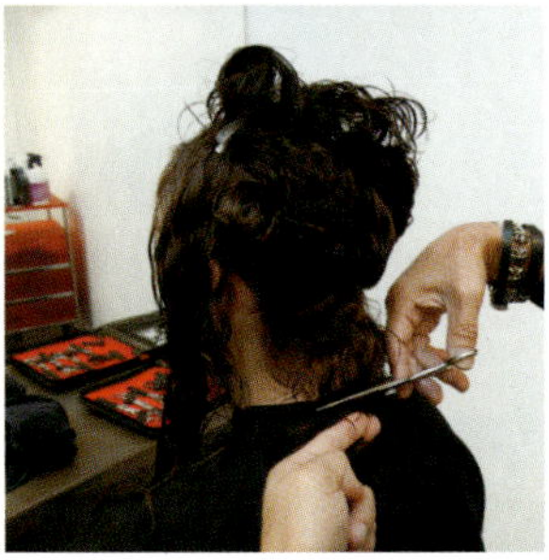

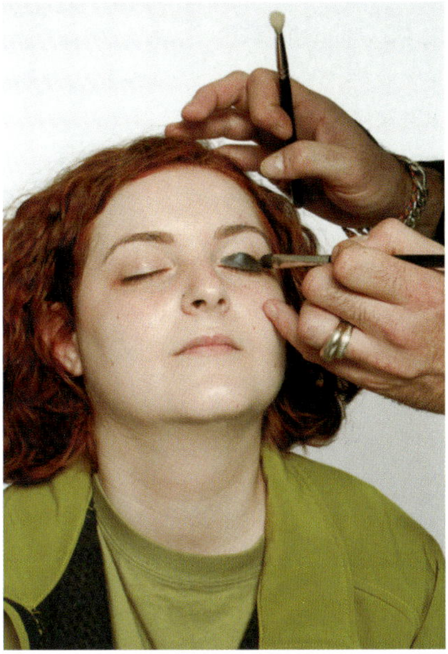

À retenir

- Pour les maquillages « charbonneux », on commence par les yeux pour ne pas salir le teint.

Maquillage

1 Pour un maquillage charbonneux, on recouvre la paupière mobile d'un fard gris acier avec reflets or. On dessine un trait noir à l'intérieur et à l'extérieur de l'œil. On allonge les cils avec un mascara noir.

2 Après un fond de teint transparent, on matifie avec une poudre sans talc. On relève les pommettes avec une touche de blush naturel.

3 On termine par un peu de gloss orangé.

Une coupe qui adoucit les traits

Virginie est une jolie femme qui s'ignore. La couleur de ses cheveux éteint un peu son visage et une coupe mal structurée fait ressortir ses traits un peu anguleux.

Avant

Ses atouts :

> Une bonne nature de cheveux

> De très jolis yeux bleus

Ses moins :

> Un cou un peu épais

> Un menton saillant

Coiffure

1 Pour adoucir le visage, on évite de le dégager et on l'encadre façon « bandeaux ». Trop dégagé, un visage de ce type peut faire masculin.

2 Le léger carré plongeant coiffé vers l'avant affine le cou.

3 On procède à un double balayage. Le premier, classique, reste proche de la couleur naturelle. On effectue le second sur la pointe des mèches en appliquant un blond sable qui les dessine.

À retenir

• Quelques mèches encadrant un visage aux traits un peu forts l'adoucissent et le féminisent.

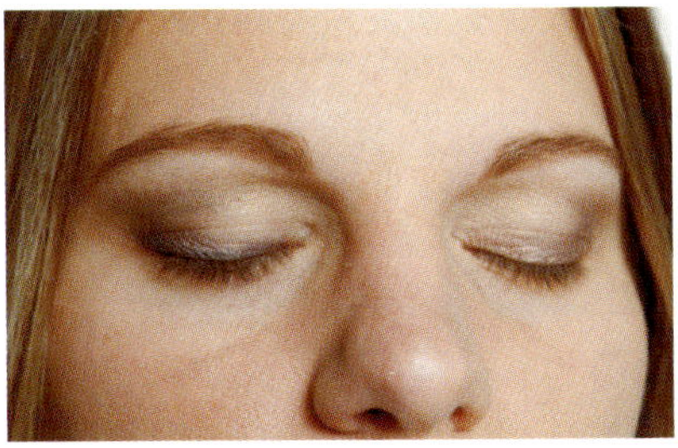

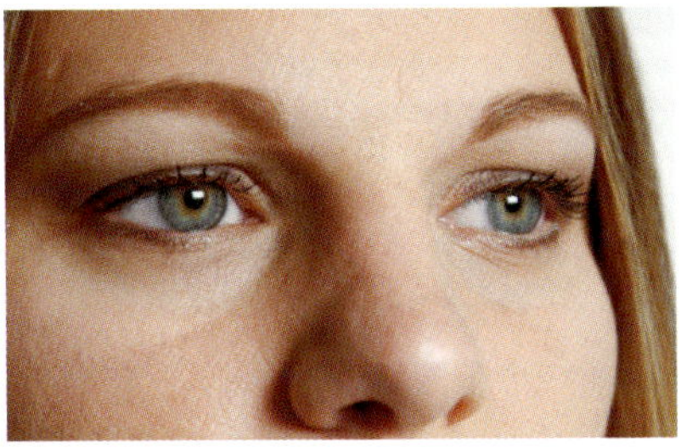

Après

À retenir

• Un fond de teint couvrant doit être appliqué au pinceau pour éviter le côté « masque ».

Maquillage

1 La peau étant un peu grasse et marquée, on applique un fond de teint couvrant après avoir mis un fixateur pour empêcher le maquillage de tourner.

2 Pour agrandir l'œil, on applique un fard clair et satiné à l'intérieur de la paupière, et un trait de khôl beige à l'intérieur de l'œil.

3 On met juste un blush couleur chair. Trop de couleur risquerait de faire réapparaître les marques d'acné.

Choisir ses lunettes

Porter des lunettes n'est pas une punition ! Une paire de bésicles peut même sublimer votre regard et le caractère de votre visage. Encore faut-il savoir les choisir...

Un modèle pour tous les types de visages

Des montures féminines

Respectez la forme de votre visage

Si vous ne supportez pas les lentilles de contact, choisissez des lunettes dont les montures sont en adéquation avec la morphologie de votre visage.

• **Si vous avez le visage ovale ou rond :** préférez les montures rectangulaires (horizontales).

• **Si vous avez le visage carré :** optez pour des lunettes un peu ovales, qui adouciront vos traits.

• **Si vous avez le visage large :** évitez les petites lunettes.

• **Si vos yeux sont tombants :** optez pour les formes « papillon ».

• **Si vous avez un petit visage :** évitez les grosses lunettes derrière lesquelles vous risquez de disparaître.

Attention aussi aux sourcils

Même s'ils ne doivent pas être complètement cachés par les lunettes, les sourcils ne doivent pas non plus en être trop éloignés. La monture idéale suit leur ligne naturelle et ne la coupe pas.

Dans quel matériau

• **Le métal :** léger, il est le matériau idéal des formes épurées correspondant à un style classique, même si les dernières technologies permettent de le colorer. Pour un look décontracté, choisissez un métal brossé. Pour plus d'élégance, optez pour un fini brillant.

• **Le titane :** c'est un métal tout à la fois léger et robuste, idéal si vous êtes soigneuse.

• **Le plastique :** il permet des formes plus fantaisistes, voire audacieuses, et une quantité infinie de couleurs et de motifs. Les montures en plastique sont recommandées aux verres épais qu'elles permettent de cacher.

Quelle couleur choisir ?

Autant que la forme, la couleur de vos montures dévoile des traits de votre personnalité. Rares sont les femmes sévères ou effacées à arborer des montures papillon rouge vif.

• **En général, les yeux bruns** peuvent tout se permettre.

• **Les yeux clairs** sont mieux servis par des montures également claires.

• **À partir d'un certain âge,** mieux vaut éviter les teintes très sombres qui durcissent.

• **En revanche, des couleurs vives** dynamiseront le teint et vous donneront bonne mine.

• **Pour les couleurs franches,** sans les harmoniser totalement à votre garde-robe, faites cependant attention à ce qu'elles ne heurtent pas le regard... des autres !

Halte aux montures invisibles !

Contrairement aux idées reçues, plus les montures des lunettes sont discrètes, voire inexistantes, plus elles sont voyantes et plus elles banalisent le visage.

Principes de base

- Les lunettes ne doivent pas être trop serrées pour un bon confort. Elles ne doivent pas non plus être trop lâches, sinon elles vont glisser sans arrêt.
- Elles doivent reposer sur l'arête du nez et être près du visage, mais sans toucher les pommettes, même quand vous souriez.
- La pupille doit être centrée dans le verre.
- Les femmes à lunettes doivent maquiller deux fois plus leurs yeux, car le verre absorbe la lumière. Jugez donc du rendu du maquillage après avoir remis vos lunettes.

Formes adaptées aux visages rectangulaires

Modèle réservé aux visages très longs et octogonaux

Formes rectangulaires pour visages ronds

Travailler ses sourcils

Le sourcil est la « coiffure » de l'œil. Il est donc indispensable de l'entretenir, de le sculpter, mais en respectant, dans la mesure du possible, sa ligne naturelle.

Jennifer

• Malgré l'aspect broussailleux des sourcils de Jennifer, on distingue une ligne naturelle qu'il faut conserver. On travaille d'abord entre les yeux pour écarter les sourcils et ouvrir le regard. Puis on épile sous l'arcade sourcilière, de manière à créer un arc parfait. On garde plus d'épaisseur dans la partie intérieure et on affine le sourcil à mesure que l'on va vers l'extérieur. On brosse en étirant vers le haut.

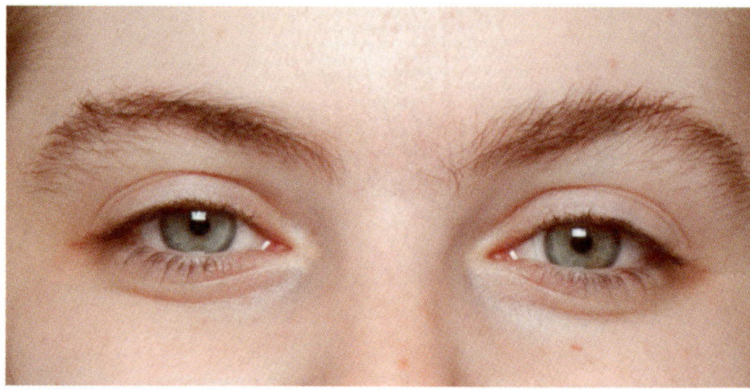

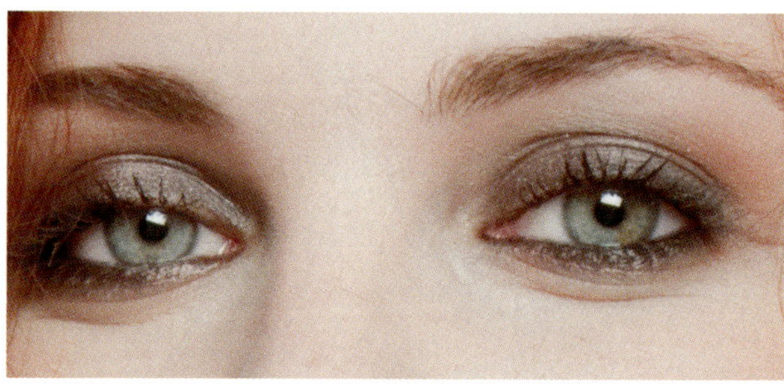

Principes de base

• Si on affine trop le sourcil, ce qui est une tendance générale dans les instituts, on agrandit la paupière, on dimine l'œil et on perd le regard.

• On épile toujours les sourcils vers le haut, et non vers le bas.

• Pour les sourcils indisciplinés, il existe des mascaras « spécial sourcils » transparents qui permettent de brosser vers le haut tout en fixant.

• Une bonne épilation reste au plus près du tracé naturel.

• La pince à épiler est l'outil le plus adapté pour les sourcils.

• Les épilations les plus réussies sont réalisées par une technicienne des sourcils ou une maquilleuse.

• Une épilation provoque toujours quelques rougeurs, que l'on peut facilement masquer par une touche de correcteur type anti-cernes.

Nathalie

• Pas facile de deviner la courbe naturelle des sourcils de Nathalie ! Elle existe pourtant et l'épilation va la dévoiler. On garde l'écart entre les yeux, en se contentant d'enlever quelques poils superflus. Puis on travaille l'arcade sourcilière en prenant soin de ne pas trop affiner les sourcils, car cela retirerait de la profondeur au regard et du naturel au visage. On brosse vers le haut en fixant avec un mascara transparent.

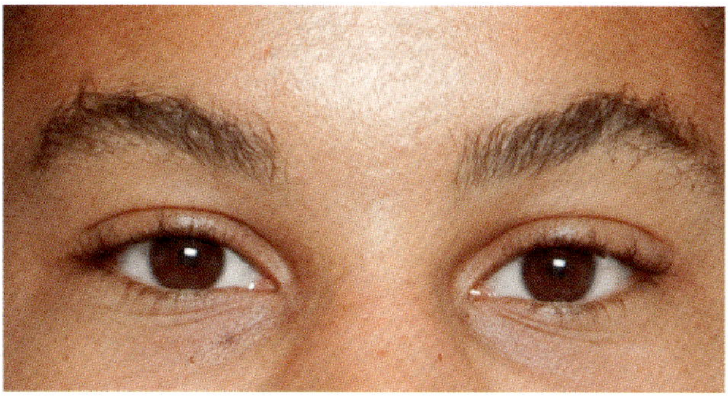

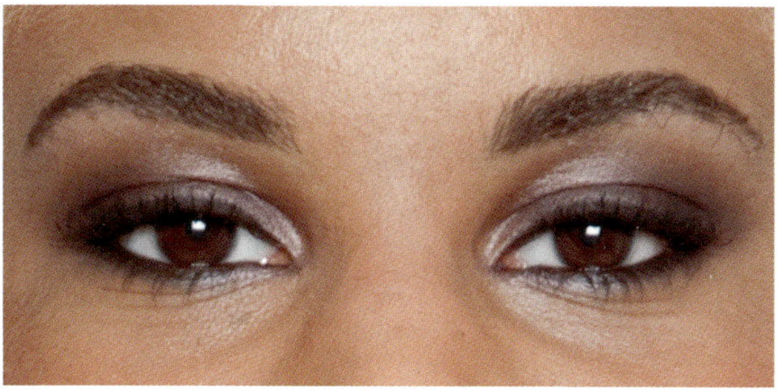

Sandra

• Sandra épile ses sourcils, mais... très mal ! L'épilation casse la courbe naturelle et affine trop le sourcil ; le regard perd en intensité. On rattrape la courbe en retouchant au niveau de l'arcade. On pose sur les sourcils une couleur un ton plus foncé que la couleur naturelle afin de redonner de la profondeur au regard. On pigmente la pointe des sourcils pour allonger la courbe, ce qui permet de mieux souligner les yeux.

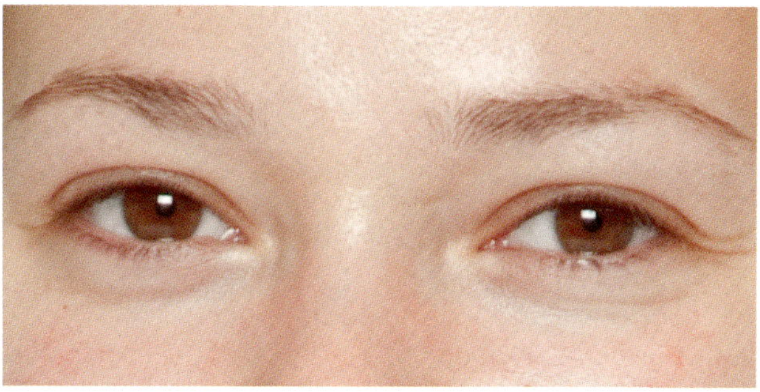

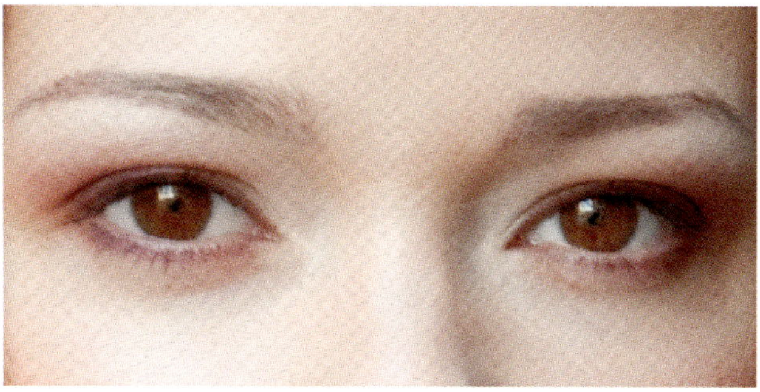

Réussir son maquillage

Le maquillage est un art. Pourtant, toutes les femmes doivent être capables d'en comprendre le b.a.-ba et de le mettre en œuvre chaque matin, en 5 minutes au maximum ! Devenez experte make-up en consultant nos petits trucs.

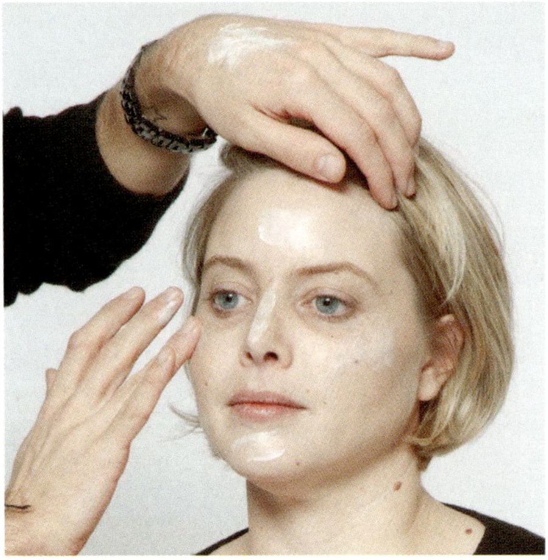

Avant tout, une crème adaptée à votre type de peau

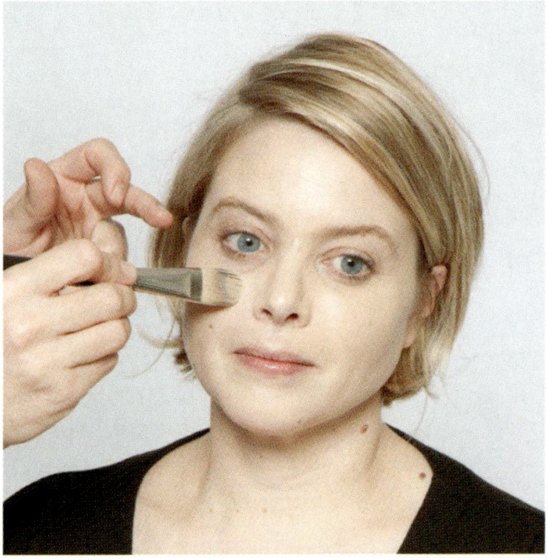

Le pinceau est recommandé pour la pose du fond de teint

Le teint

Fonds de teint et poudres

• Le bon endroit pour tester la couleur du fond de teint qu'il vous faut n'est ni le dessus de la main, ni le dessous du poignet. Ce sont les maxillaires, qui font le lien entre le visage et le cou.

• Choisissez la couleur la plus proche de celle de votre peau à cet endroit. Si votre carnation est mate, optez pour un beige. Si elle est blanc-rose, optez pour un rosé.

• Attention ! Utiliser un produit plus foncé que sa peau vieillit et durcit les traits. À l'inverse, un teint clair apportera toujours de la fraîcheur.

• Pour éviter l'effet « épais », choisissez une texture légère, notamment si votre peau est fine et claire. Appliquez votre fond de teint au pinceau et finissez avec une touche de poudre libre, de préférence ; la poudre compacte est plus couvrante et moins naturelle. Les peaux mates, métisses et noires peuvent opter pour un fond de teint poudre.

• Appliquez le fond de teint au pinceau en faisant de grands mouvements de l'intérieur vers l'extérieur.

L'anti-cernes : toujours après le fond de teint

L'anti-cernes

L'anti-cernes cache non seulement les cernes, mais aussi les rougeurs et les boutons. Contrairement au fond de teint qui doit s'approcher de votre couleur de peau, choisissez plutôt un anti-cernes à l'inverse de votre carnation : beige pour une peau rose, rosé pour une peau mate.

• Appliquez-le impérativement au pinceau, notamment sur les boutons.

• Avant de poser l'anti-cernes, massez le cerne doucement, de l'extérieur vers l'intérieur, avec une crème contour de l'œil.

Principes de base

Démaquillez-vous et nettoyez votre peau tous les soirs !

• **Il faut impérativement appliquer une crème** adaptée à sa peau avant de se maquiller.

• **Cette crème doit être riche en eau** si votre peau est déshydratée (crème hydratante) et riche en corps gras si elle est très sèche (crème nourrissante).

• **Attention, une crème trop grasse** sur une peau qui n'en a pas besoin fait briller. Résultat : le fond de teint tient mal et le résultat risque fort de ne pas être très heureux.

• **Si votre peau est mal hydratée,** elle boit le fond de teint qui vire en plaques.

• **Dans tous les cas, choisissez une crème** dotée d'un fort indice de protection UV.

• **Entretenez vos lèvres avec un baume prévu à cet effet.** Aucune crème de jour n'est suffisante pour hydrater et nourrir les lèvres qui nécessitent beaucoup plus d'apports en eau et en gras que le visage. Sur des lèvres souples, le rouge à lèvres tient beaucoup mieux.

• **Et n'oubliez pas de boire** au moins 1,5 litre d'eau par jour !

• **Le maquillage sert à révéler votre beauté,** et non à masquer vos problèmes de peau.

• **Il existe aujourd'hui des traitements rapides** et efficaces, notamment contre l'acné. Alors, n'hésitez pas à consulter un dermatologue : il saura vous conseiller.

• **Si vous avez peu de temps,** privilégiez toujours le teint au travail des yeux ou de la bouche. Avec un joli fond de teint, un soupçon d'anti-cernes, un voile de poudre et un peu de blush, vous aurez toujours bonne mine.

• **Se maquiller,** c'est mettre en valeur nos atouts naturels. Ne nous en privons pas…

• **N'ayez pas peur d'utiliser les pinceaux** pour l'application de tous les produits de maquillage. Le résultat sera plus naturel et plus professionnel.

• **Ne cherchez pas à assortir votre maquillage** à votre tenue. Le maquillage est là pour mettre en valeur vos atouts naturels, et non votre nouvelle robe.

On applique le blush de la pommette en étirant vers la tempe

Un fard crémeux aide à fixer les fards à paupières

On souligne le regard d'un trait de crayon

• Appliquez l'anti-cernes dans le creux du cerne uniquement. Poudrez légèrement pour matifier et fixer.

Blush

• Ne cherchez pas toujours à assortir le blush à votre rouge à lèvres. En cas de doute, choisissez la couleur la plus proche de votre carnation naturelle quand vous avez bonne mine.
• Attention ! Les marrons plombent les peaux mates, alors que les rouges-rosés les subliment. Pour appliquer votre blush, faites un grand sourire. Partez du haut de la pommette et étirez vers la tempe.

Les yeux

• Pour une meilleure tenue du fard à paupières, il existe des fards crémeux waterproof de couleur neutre que l'on applique sur l'ensemble de la paupière. Ils peuvent servir de base fixante au maquillage des yeux.
• Si vous avez les yeux très cernés, évitez les marron mordorés et les bruns, surtout sous la paupière, car ils ont tendance à recréer le cerne.
• Les fards irisés illuminent le regard, mais ils se nichent dans les ridules des paupières. À réserver donc aux peaux jeunes.
• Les fards rosés font ressortir les yeux bleus.
• Les fards prune font ressortir les yeux verts.
• Les fards marron font ressortir les yeux marron et noirs.
• Le mascara agrandit l'œil et approfondit le regard. Il est particulièrement indispensable lorsque l'on a les cils pâles. Le noir est une valeur sûre, quelle que soit la couleur de vos yeux.

Le mascara donne de la profondeur au regard

Le crayon à lèvres doit être de la même couleur que le rouge à lèvres

La recette de Cristina

• Pour corriger un teint brouillé, mélangez du sucre roux à gros grains à un jus de citron. Appliquez sur votre visage en massant doucement avec des mouvements circulaires. Ce gommage naturel hebdomadaire éclaircira votre teint tout en enlevant les cellules mortes.

• Posez la brosse à la racine des cils, puis étirez en zigzag jusqu'aux pointes.
• Si vous avez les yeux tombants, étirez les fards vers les tempes.
• Astuce : si vous maquillez beaucoup vos yeux, faites léger pour la bouche, et vice versa. Le total look « hyper maquillé » fait rapidement « pot de peinture » !

Les lèvres

• Appliquez toujours un baume hydratant avant de poser le rouge à lèvres.
• Pour bien dessiner la lèvre, on peut appliquer un trait de crayon contour de la même couleur que le rouge à lèvres. Attention aux crayons plus foncés que le rouge à lèvres : ils durcissent.
• Il est conseillé de poudrer légèrement ce contour pour que le rouge ne « file » pas.
• Pour plus de précision, il est préférable d'appliquer le rouge à lèvres au pinceau.
• Si vous avez les lèvres très fines, choisissez des rouges à lèvres givrés, nacrés ou des gloss qui apportent du volume.

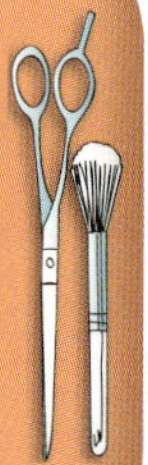

Une touche de blush orangé illumine la jolie peau dorée

Astuces peaux noires et métisses

• Les peaux noires et métisses absorbent la lumière : il convient donc de leur en apporter, notamment par le biais de couleurs vives. Sur une peau blanche, un fard à paupières bleu roi peut faire clown. Sur une peau noire, il est divin. Et n'hésitez pas à mélanger fards mats et irisés.

• Pour les lèvres, préférez les tons prune, violine, bordeaux, plus ou moins foncés selon votre carnation.

Le blush rosé fait ressortir les pommettes

Astuces peaux asiatiques

• Il existe, pour donner de l'éclat aux peaux asiatiques, des crèmes de jour composées de microparticules rosées.

• Gardez les dégradés pour la grande arcade de l'œil et recouvrez votre paupière mobile d'un trait de fard monochrome, en insistant sur le point externe.

• Travaillez vos cils au recourbe-cils avant d'appliquer votre mascara. Respectez bien ces deux étapes. Appliquer le recourbe-cils après le mascara risque de casser les cils.

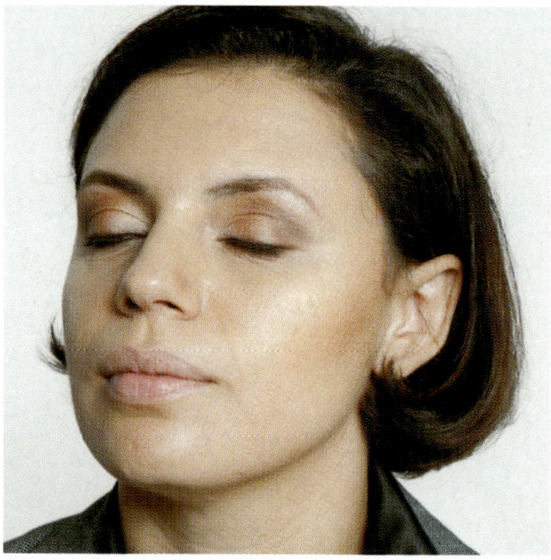

Un fond de teint beige doré pour avoir bonne mine

Astuces peaux mates et méditerranéennes

• L'hiver, choisissez plutôt des blush rosés qui vous donneront bonne mine. Pour vos lèvres, préférez également des teintes à base de rouge ou de rose qui illumineront votre teint.

• L'été, bronzée, vous pouvez jouer sur des camaïeux dorés en partant de la couleur naturelle de votre peau. Une touche de poudre de soleil sur vos pommettes et un gloss orangé ou bronze sur vos lèvres rehausseront votre visage avec naturel.

Pour gommer les rougeurs, appliquez un fond de teint et un correcteur beige

Astuces peaux blanches rosées

• La peau de vos paupières, souvent très fine, tire vers le « rosé veiné ».

• Appliquez, comme base de maquillage, un fard beige clair qui les unifiera en illuminant le regard. Pour gommer les petites rougeurs, choisissez un anti-cernes beige.

Astuces peaux acnéiques

• Une peau acnéique mérite des soins particuliers. Elle doit être nettoyée matin et soir avec un produit adapté, qui la soigne sans l'assécher.

• Avant tout maquillage, il convient d'appliquer une crème spéciale peaux acnéiques. Elle hydratera sans graisser et évitera au maquillage de tourner.

• On peut cacher les boutons avec un anti-cernes beige et plus clair que le fond de teint. Mais attention ! Le maquillage n'est pas un camouflage. Si vous souffrez d'acné, n'hésitez pas à consulter un médecin. On dispose aujourd'hui de traitements antibiotiques qui combattent durablement l'acné.

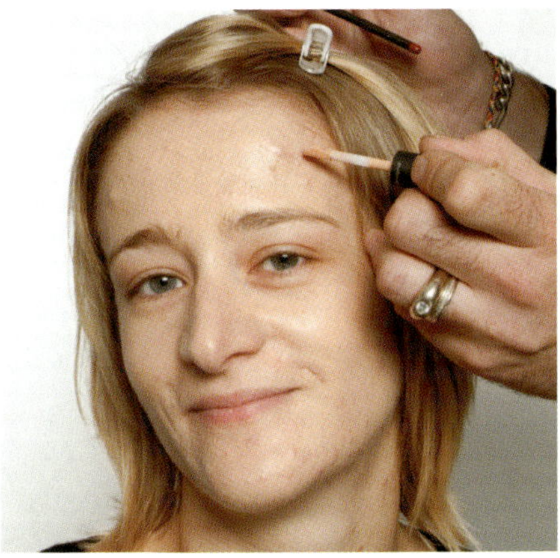

Le correcteur, après application, doit être fondu avec le fond de teint

Mon équipe

Derrière moi, de gauche à droite : Nathalie mon éditrice, Jos la fée des sourcils, Massato aux ciseaux d'or, Romain, notre œil à tous. À côté de moi, mes maquilleurs préférés : Pierre, José et Latifa. Au premier plan : Alexie, ma plume et Aurélia qui m'a assistée pour le stylisme

Massato

De la culture du Japon, son pays d'origine, Massato a gardé le goût du silence, de l'observation et de l'écoute. Le plus Parisien des Japonais s'est installé en France en 1975 par amour pour Paris, après avoir passé son diplôme de coiffeur dans son pays natal. Fou de mode, il a toujours su capter l'instant, saisir les tendances à leur premier frémissement. Ce talent qui lui confère une originalité certaine l'entraîne rapidement vers le succès.

Des coupes personnalisées faciles à vivre au quotidien

Défilés, séances photos... il devient le chouchou des créateurs et des mannequins. Il ouvre son premier salon dans le VIIe arrondissement de Paris en 1993. Pour le plus grand bonheur d'Isabelle Huppert, d'Évelyne Bouix ou encore de Vincent Perez, clients assidus! Plus qu'un coiffeur, Massato est un sculpteur. Pas de travail en série. Chaque femme est différente, toutes les natures de cheveux méritent une coupe, voire une couleur personnalisée. Il travaille aujourd'hui avec une équipe qu'il a formée. Sa philosophie est simple : regarder la cliente, observer sa tenue vestimentaire,

sa démarche, sa gestuelle, l'écouter pour concevoir une coupe adaptée à sa personnalité et à son quotidien.

Une coupe doit refléter une personnalité et se suffire à elle-même. Les femmes hyperactives ont le droit d'être belles, même en se consacrant très peu de temps. Après un shampoing, une coupe doit donc être impeccable sans avoir besoin d'un brushing !

Aujourd'hui, Massato possède quatre salons à Paris et deux à Tokyo. Il a aussi créé une gamme de produits conçus à partir d'huiles essentielles, particulièrement adaptés aux cheveux colorés.

Massato, un homme heureux qui fait des heureuses !

Jos
et l'Atelier du sourcil

Ce lieu insolite, le premier en France à être dédié à la beauté du regard, est le fruit du travail et de la passion d'une autodidacte. Il y a 25 ans, Jocelyne Devilleneuve, surnommée Jos, se lance grâce à sa sœur jumelle dans une formation de maquilleuse.

Le maquillage semi-permanent vient juste d'arriver en France. Jos en devient l'experte la plus reconnue. Sa renommée dépasse rapidement les frontières hexagonales et elle s'envole vers les États-Unis.

De retour à Paris, elle ouvre en 2006 le premier « Atelier du sourcil ». On est reçu dans ce lieu, qui tient autant de l'institut que du boudoir, autour d'un thé, comme chez une amie. On en ressort le regard transfiguré !

Jos combine technique de restructuration et dermo-pigmentation. Le sourcil est redessiné au poil près à la pince. Si le sourcil n'est pas assez fourni, s'il est trop court ou si sa ligne doit être rectifiée pour atteindre des proportions idéales, Jos fait appel à la dermo-pigmentation, qui dure environ 6 mois.

Des sourcils en parfaite harmonie avec votre regard

Elle pratique aussi l'extension de cils. Résistante à l'eau et parfaitement adaptée au visage pour un résultat naturel, elle dure de 4 à 8 semaines. La jolie Jos effectue aussi des rehaussements de cils, d'un rendu naturel épatant ! Superbement recourbés et étirés vers le haut, vos cils vous font des yeux de biche.

L'Atelier du sourcil est l'endroit idéal pour passer un moment rien qu'à vous.

Et puis, votre regard le vaut bien !

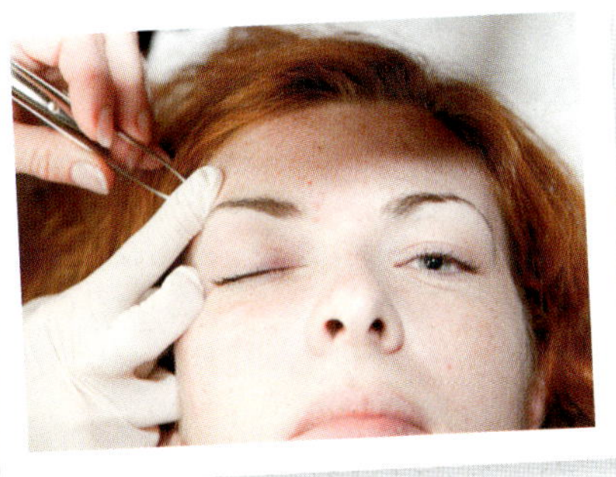

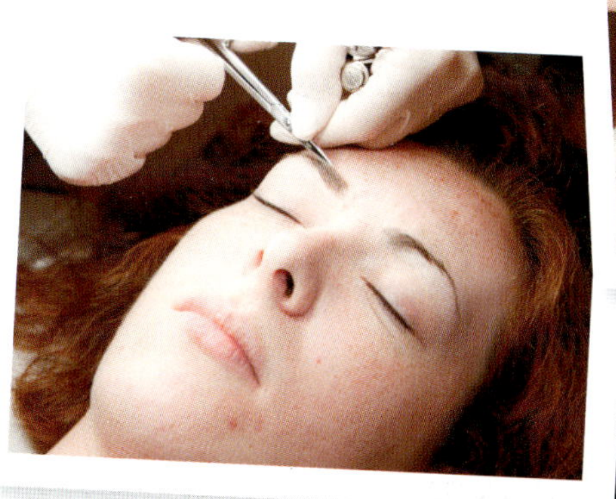

M.A.C

En 1984, Franck Toskan, maquilleur et photographe, et Franck Angelo, propriétaire d'un salon de coiffure, créent à Toronto M.A.C (Make-up Art Cosmetics). Il s'agit au départ pour ces deux professionnels de la mode d'imaginer des produits performants pour les défilés et les studios photos. Deux ans plus tard, ils décident d'ouvrir leur collection de maquillage au grand public.

Aucun des 250 produits M.A.C ne comprend de composant d'origine animale. Et, évidemment, aucun test n'est pratiqué sur les animaux.

Toujours présentés dans des emballages noirs – couleur fétiche de la marque –, les produits sont vendus au sous-sol d'un grand magasin de Toronto... non par des vendeurs, mais par des maquilleurs professionnels capables de conseiller précisément la clientèle.

Le succès ne se fait pas attendre. Au fil du temps, stars et célébrités plébiscitent la marque – Linda Evangelista, Diana Ross, Elton John, Catherine Deneuve, Liza Minnelli, Pamela Anderson...

M.A.C se distingue par ses nombreux engagements caritatifs et environnementaux.

Créé en 1994, le M.A.C Aids Fund a recueilli plus de 90 millions d'euros qui ont été remis à différentes associations de lutte contre le sida. Les ventes des rouges à lèvres de la gamme Viva Glam sont intégralement reversées à ce Fond Sida. Côté environnemental, M.A.C recycle les emballages. Un rouge à lèvres est offert aux clientes qui rapportent leurs emballages vides par six.

Liste des vêtements

Véronica, page 23
Chemise Vero Moda, pantalon Bruno Saint Hilaire, bracelets H&M, chaussures La Redoute.

Joëlle, page 25
T-shirt, jean et boots Les 3 Suisses, bracelet Marion Godart.

Nathalie, page 27
Robe à paillettes Fifilles, blouson en cuir Etam, sandales à lacets M. Jacob.

Noura, page 29
Pull et chaussures Les 3 Suisses, jean Coleen Bow, sac Bronti Bay Paris, sautoir brésilien, manchette Bala Boosté.

Clémentine, page 31
Robe Fifilles, chaussures Osmose.

Linda, page 35
Robe Bash pour La Redoute, manteau Kookai, chaussures André, bracelets Marion Godart.

Cécile, page 37
Veste et ceinture La Redoute, bottes Gémo, sautoir et bracelets Marion Godart.

Darinka, page 39
Veste en cuir et pantalon Madeleine, T-shirt La Redoute création, ceinture La Redoute, boots Osmose, boucles d'oreille Bala Boosté.

Virginie, page 43
Pull Kookai, Jupe H&M, broche fleur Bala Boosté, bracelet Les 3 Suisses, chaussures André.

Carole, page 45
Robe La Redoute, broche fleur Les 3 Suisses, bottes André, bracelet Marion Godart.

Virginie, page 47
T-shirt et jupe La Redoute, gilet et ceinture Camaieu, sautoir Les 3 Suisses, bracelet Bala Boosté, chaussures Bata.

Ouarda, page 51
Robe, veste et ceinture La Redoute, bottes Bata, sautoir Bala Boosté.

Sandra, page 53
T-Shirt et legging H&M, veste La Redoute, broche Fleur Blanche Porte, chaussures Bata, bracelet Camaieu.

Amel, page 55
Robe Fifilles, bottes Osmose, manchette Blanche Porte.

Jennifer, page 59
Tunique et pantalon Alain Weiz, boots André, boucles d'oreille Marion Godart, bracelet Satellite.

Delphine, page 61
T-shirt et ceinture Camaieu, jupe Blanche Porte, bracelet Marion Godart,chaussures Osmose.

Mélanie, page 63
Robe et long manteau Kamino, bottes Les 3 Suisses, ceinture La Redoute, collier Kamino, bracelet Satellite.

Laurenne, page 67
Chemise La source Quelle, jupe Chine Belgian, bottes La source Quelle, foulard Blanche Porte, boucles d'oreille Esther Vina.

Fabienne, page 69
Pull Camaieu, pantalon H&M, bracelet Satellite, boots Osmose.

Hang, page 71
Veste, robe et foulard H&M, ceinture New look, bracelet Satellite, collant Dim, bottes Osmose.

Remerciements

Nous tenions à remercier tout particulièrement les attachés de presse et leurs marques qui ont collaboré à l'élaboration de ce livre.

Éric pour André
Laetitia pour Alain Weiz
Daniel pour Axara
Déborah pour Bala Boosté
Morgane pour Bata
Sandrine&Dina pour Camaieu
Caroline pour Clio Blue
Sonia&Céline pour Coleen Bow
Muriel pour Dim
Magalie pour Etam
Delphine pour Fifilles
Martine pour Gémo
Julien pour H&M
Laura pour Kamino
Malika pour Kookai
Michèle pour La Redoute
Pop&Roy pour La Source Quelle
Laurence pour Les 3 Suisses
Zmirov pour Leg End
Nora pour Lou Paris
Jérôme pour Madeleine
Yoan pour Marc Le Bihan
Hélène&Laura pour Marion Godart
Barbara pour Mellow Yellow
Eva pour New Look
Nora pour ONLY
Nadia&Maffi pour Osmose
Cynthia pour Pilgrim
Caroline pour Satellite
Malika pour Scooter
Cynthia pour Via Uno
Hélène pour Well

Dossier "Choisir ses jeans" : Leg End, Only, Stone Age.
Dossier "Choisir ses bijoux" : Marion Godart.
Dossier "Choisir ses soutiens-gorge" : Dim, Lou Paris, Monoprix.
Dossier " Choisir ses collants" : Dim, Le Bourget, Well.
Dossier "Choisir ses chaussures" : Gola, La Redoute, Mellow Yellow, New Look.
Dossier "Choisir ses lunettes" : Marc Le Bihan.

Et un grand merci à nos modèles
Amel E, Carole P, Cécile V, Clémentine T, Darinka M, Delphine G, Fabienne L, Hang N, Jennifer L, Joëlle D, Laurenne F, Linda P, Mélanie G, Nathalie S, Noura B, Ouarda B, Sandra D, Véronica L, Virginie M et Virginie V

Mon mémo

Ma morphologie : ....

....

....

....

Les vêtements qui me vont : ....

....

....

....

....

....

....

....

....

....

....

....

....

Mes produits de beauté : ....

....

....

....

....

....

Mon coiffeur : ....

....

....

....

Mes adresses shopping : ....

....

....

....

....

....

....

....

....

....

....

....

....

....

....

....

....

....

....

Photogravure Turquoise, Émerainville
Imprimé en Espagne par Graficas Estella, Estella
Dépôt légal : avril 2010
303 941/02 - 11019617 - Avril 2012